研究發展與社會安全

潘　　皓著

文史哲學集成
文史哲出版社印行

研究發展與社會安全　自序

潘　皓

一

首先，我要特別強調者，就是這本書的內涵。它是以「研究發展」（Research and Development）為方法，以「社會安全」（Social Security）為主軸。以「福利國家」（Welfere State）為目的，而建構一個有別於西方，並具有本土特色的安和樂利與大同共享的理想世界。

二

全書共分為十篇，凡三十餘萬言，其學術論述，是來自我從事教學及社會工作之探討四十餘年來之經驗累積而成。

為因應人類社會變遷與進化的需要，其中的第一篇，就是「研究發展」，並分別將它的定義、重點、史略、要旨、演進，以及投資等加以分析、判斷、創新與突破之後，再透過社會安全制度之規劃與實施，福利國家即可由此而實現。

三

其次為第二篇，則是將社會安全的基本概念、思想淵源、哲思領域、價值取向，以及我國與歐美在社會安全工作上的發展過程，其中並包括以和平為基礎，以互助為原則，以漸進為步驟，而開創一個「大同社會」，或「世界大同」的無我境界。

再其次為第三篇，其內容是以「社會安全思潮之歷史發展」的基本原理，應用科學、演進歷程，以及其理想藍圖之規劃與實施。如從我國社會安全工作史乘的發展言，是起自於唐虞「萬世救荒」之始，至先秦時代，即已提出一套具有現代化的「福利國家」架構設計，那就是「禮記禮運篇」所繪製的那幅跨向人性化的「大同世界」之理念藍圖。很可惜，由於我國文化老大保守，以致延宕了近三千年之久，迄至近代，才進入規劃與實施的階段。

而第四篇，是以「社會安全制度之規劃與實施」為前提。本篇是我於一九九三年八月間，應大陸北京大學之邀請，至該校作專題演講時所撰寫。其內涵則包括中國社會安全之史乘的回顧，現況的檢討，以及未來的展望等。在這裡，我必須加以說明的是，晚近以來，一般人只要一提到「社會安全」，或「社會安全制度」，其直接的反應，總以為這是來自西方資本主義國家的產物。其實並非如此，最明顯的，就是我國早在二千多年以前即已提出「大同社會」之崇高的理想藍圖，而且此一關係著全民福祉之完美構想，就連現代歐美所強調的「福利國家」，亦未有超出其範疇者。

關於第五與第六兩篇，則是針對「臺灣地區社會福利服務」實施概況，與「高齡化社會對老人福利服務」之探討。諸如兒童福利服務、少年福利服務、老人福利服務，以及身心障礙者的福利服務等。換句話說，就是要藉此達到「幼有所長，壯有所用，老有所終」的整體規劃。

至於第七、第八，與第九三篇，是以「均富社會與經濟發展」為前提，將兩極不同的觀點加以整合，經過所採取的中道平衡措施之後，終使魚與熊掌得而兼之。接著要說的，是「現代企業家的社會責任」，它與社會安全制度之規劃與實施有著密不可分的關係。而最重要的，是「民生主義經濟制度及其理想境界」，實際上它就是為社會安全所規劃，藉以邁向均富、安和，與樂利的理想境界。

最後，要特別提出加以討論者，就是第十篇，也就是國父「中山思想之社會價值觀」。它不僅是社會安全制度及其架構的指標。而且能讓全民享有在經濟上不虞匱乏的權利。

四

就本書全部內容之經緯結構而言。是將其理論學說與實務發展與運用，置諸於並重的位階，並以中道思想作為平衡的論點。而且是以「歷史研究法」，闡釋我國社會安全工作思想形成之淵源、政策制定之理念、及制度規劃之背景。其次，是以「歸納研究法」，綜論傳統社會安全工作之本質與現代社會安全工作之特色。第三，間亦有採用「比較研究法」，分析中西社會安全工作構成之模式及其功能與演進的歷程。第四，在科學應用與哲思判斷部份，特別注意我國禮運大同篇中的社會安全工作之理想藍圖，及民生主義的均富與共享的基本政策，進而掌握未來發展趨勢，據以逐步建立一套具有本土特色的社會安全體系之完美制度。

二〇〇九年一月廿一日於臺北哲思工作室

研究發展與社會安全　目錄

自序……一
第一篇　是突破性的
主題：研究發展……二四
壹、導　論……二四
貳、研究發展的定義……二五
一、歐美對研究發展所下的定義……二八
二、日本對研究發展所下的定義……二九
三、我國對研究發展所下的定義……三一
叁、研究發展的重點……三四
一、研究發展與個人事業……三四
二、研究發展與國家建設……三五
三、研究發展與企業經營……三八

肆、研究發展的史略……四三
一、由人類的求生存說起……四四
二、進入到所謂神的境界……四六
三、以中外史實作為論點……四八
伍、研究發展的要旨……五四
一、研究發展的一大前提……五五
二、研究發展的兩項原則……五六
三、研究發展的三個階段……五七
四、研究發展的四種領域……六〇
陸、研究發展的演進……六三
一、研究發展工作形態的演進……六三
二、研究發展思維方法的演進……六五
三、研究發展科學精神的演進……七二
柒、研究發展的投資……七四
一、研究發展的經費與人力……七五

二、研究發展的目標與潛能……七八
三、研究發展的規模與尺度……八一
捌、研究發展的結論……八四

第二篇 是共享性的

主題：社會安全

……八八
壹、社會安全工作基本理念……八八
貳、社會安全工作思想淵源……九一
一、我國的社會福利思想……九一
二、歐美的古典福利觀念……九二
三、基督的博愛救世精神……九三
四、人道的普世價值體系……九四
叁、社會安全工作哲學領域……九四
一、社會哲學……九五
二、意識形態……九八
肆、社會安全工作價值取向……九九

一、價值範例的層次……一〇〇
二、價值體系的偏好……一〇二
三、價值度向的表達……一〇三
伍、歐美社會安全工作的發展……一〇六
一、英國伊莉莎白濟貧法……一〇七
二、德國漢堡制與愛爾伯福制……一〇九
三、慈善組織社會……一一二
四、睦鄰組織運動……一一五
五、社會安全制度……一一七
六、福利國家思潮……一二一
陸、我國社會安全工作的演進……一二四
一、大同社會……一二五
二、保息六政……一二六
三、九惠之教……一二七
四、社倉制度……一二七

五、鄉約組織……一二八
六、鄉村建設……一二九
七、社會政策……一三〇
柒、未來的展望……一三一
一、調整我國現行社安設施之不當架構……一三三
二、記取歐美過分社安政策之錯誤殷鑑……一三五
三、開創大同共享社安體系之無我境界……一三八

第三篇 是見證性的

主題：社會安全思潮之歷史發展……一四四
壹、社會安全之基本原理……一四四
一、社會安全工作的特定任務……一四四
二、社會安全工作的時代背景……一四六
三、社會安全工作的主要範疇……一五〇
貳、社會安全之應用科學……一五二
一、社會安全工作的發展要領……一五二

二、社會安全工作的哲思理念……一五四
三、社會安全工作的價值體系……一五六
叁、社會安全之歷史演進……一五九
一、英國社會安全工作的歷史演進……一五九
二、德國社會安全工作的歷史演進……一六一
三、美國社會安全工作的歷史演進……一六三
肆、我國社會安全之理想藍圖……一六四
一、我國社會安全工作的發展過程……一六五
二、我國社會安全工作的三大主軸……一六七
三、我國社會安全工作的未來發展……一七〇

第四篇 是規劃性的

主題：我國社會安全制度之規劃與實施……一七四
壹、題前的話……一七四
貳、史乘的回顧……一七五
一、發軔期—概念化的過程……一七六

二、轉捩期—社會化的改革……一七七
三、定型期—法制化的起點……一七八
叁、現況的檢討……一七九
一、先談社會保險……一八〇
二、次言公共救助……一八二
三、再論福利服務……一八三
肆、未來的展望……一八九
一、迎接新世紀的時代思潮……一九〇
二、建立中國式的福利張本……一九二
三、跨向人性化的大同世界……一九五
伍、結論……二〇七
一、建立「本土化」的自我體制……二〇七
二、融會「國際化」的科學精神……二〇八
三、創造「現代化」的福利社會……二〇九
第五篇　是服務性的

主題：台灣地區社會福利服務實施概況……二一四
壹、緒　言……二一四
貳、以本土與務實爲規劃內涵……二一五
叁、將福利服務列爲施政重點……二一七
一、先就慈幼保護言……二一八
二、次就惠少措施言……二一九
三、再就敬老服務言……二一九
肆、分析與展望……二二一
一、兒童福利服務……二二二
二、少年福利服務……二二六
三、老人福利服務……二三一
伍、結　論……二三七
一、在慈幼的關愛上……二三八
二、在惠少的措施上……二三八
三、在敬老的照顧上……二三八

第六篇　是福利性的

主題：高齡化社會對老人福利服務之探討……二四二
壹、前　言……二四二
貳、老人所需要的是什麼……二四四
一、居住的安排……二四四
二、尊嚴的維護……二四五
三、親情的關懷……二四七
叄、規劃與展望……二四七
一、以政府為主導的民間參與……二四九
二、以補助為方法的委託措施……二四九
三、以年金為保障的消除匱乏……二五〇
四、以專業為核心的求取精實……二五一
肆、結　論……二五一

第七篇　是建設性的

主題：均富社會與經濟發展……二五四

壹、前　言……二五四
貳、從兩極不同的觀點說起……二五五
一、能富必能均……二五七
二、能均必能富……二五七
叁、經濟學無完全套用模式……二五八
一、民生主義絕不是資本主義……二六〇
二、民生主義也不是社會主義……二六〇
三、民生主義更不是共產主義……二六一
肆、民生主義是均富共享的中庸之道……二六一
一、實施土地改革……二六三
二、擴大教育投資……二六三
三、加速經濟建設……二六四
四、拓展國際貿易……二六五
伍、經濟體制之比較、肯定與運用……二六六
一、什麼是「自由經濟」……二六七

二、什麼是「計劃經濟」……二六八
三、什麼是「計劃性的自由經濟」……二七〇
四、又什麼是「經濟計劃」……二七一
陸、自由經濟思想之計劃性的要義……二七二
一、先以農業培養工業……二七四
二、再以工業發展農業……二七五
柒、均富社會植基於合理的分配……二七六
一、均富並非要把富人打窮……二七七
二、成果要讓社會大眾共享……二七九
捌、我國現階段經濟建設目標……二八〇
一、提高國民所得改善大眾生活……二八二
二、奠定經濟基礎厚植國家力量……二八三
三、加強對外關係增進國際地位……二八四
玖、計劃性自由經濟創造的成果……二八五
一、從努力「生產」求國民之「富」……二八六

二、作合理「分配」求財富之「均」……二八八
拾、終使魚與熊掌得而兼之……二八九
一、在政策上加強社會福利措施……二九〇
二、在認知上培養科技專業人才……二九一
三、在做法上迎接當前各項挑戰……二九一
四、在策略上全力發展精密工業……二九二

第八篇　是回饋性的

主題：現代企業家的社會責任……二九六
壹、運用企業的經營哲學……二九六
一、要忘掉自我表現……二九七
二、要掌握有力資源……二九八
三、要揚棄落伍觀念……二九九
貳、配合國家的經濟建設……三〇一
一、執行經建計劃……三〇二
二、加強應變能力……三〇三

三、達成要求目標……三〇四
四、享受努力成果……三〇五
五、策訂企業路線……三〇六
叁、掌握外在的情勢演變……三〇七
一、在政治衝擊方面……三〇七
二、在危機處理方面……三〇九
三、在威脅事件方面……三一一
肆、創造人生的永恒事業……三一三
一、要了解人生的意義是什麼……三一三
二、要認識人生的價值是什麼……三一四
第九篇　是體制性的
主題：民生主義經濟制度之理想境界……三一八
壹、前言……三一八
貳、民生主義本我先民所固有……三一八
一、養民的經濟思想……三一九

二、共享的經濟政策……………………………………三一九
三、井田的經濟制度……………………………………三二〇
叁、民生主義經濟思想之時代背景……………………三二一
一、民生問題的由來……………………………………三二一
二、經濟演變的結果……………………………………三二二
三、社會革命的防範……………………………………三二三
肆、民生主義經濟體制之特質…………………………三二四
一、民生主義絕不是資本主義…………………………三二五
二、民生主義也不是社會主義…………………………三二五
三、民生主義更不是共產主義…………………………三二五
伍、民生主義經濟建設目標與基本政策………………三二六
一、經建目標……………………………………………三二六
二、基本政策……………………………………………三二七
三、演進過程……………………………………………三二七
陸、民生主義現階段經濟建設方針……………………三二八

一、經濟成長快速……三二八
二、結構轉變顯著……三三二
三、貧富差距縮小……三三四
四、國民生活改善……三三五
五、社會福利增進……三三七
柒、民生主義經濟建設所創造的奇蹟……三三八
一、國民生產毛額逐年增加……三三八
二、國民生活水準相對提高……三三九
三、國民所得分配漸趨均衡……三四〇
捌、與大陸共產集體經濟發展實質比較……三四三
一、從經濟發展的程序說起……三四三
二、從經濟發展的路線看待……三四四
三、從經濟發展的實質比較……三四七
四、從經濟發展的落差顯示……三四九
五、從經濟發展的因素評估……三五〇

玖、當前民生主義工商政策之指導原則……三五二
一、基本方針……三五二
二、實施重點……三五三
三、輔導要領……三五四
拾、今後展望及努力奮鬥的標竿……三五八
一、在農業與工業方面……三六〇
二、在貿易與投資方面……三六〇
拾壹、邁向均富安和樂利的理想境界……三六一
一、均富以經濟發展為方法……三六一
二、安和以社會建設為目的……三六二
三、樂利以全民共享為依歸……三六三
第十篇 是價值性的
主題：中山思想之社會價值觀……三六六
壹、緒　論……三六六
貳、崇高願景……三六七

叁、精密規劃……三六八
肆、科際統合……三七〇
伍、參證變數……三七一
陸、學術價值……三七四
柒、聖潔精神……三七六
捌、時代任務……三七九
玖、有效功用……三八一
拾、結語……三八五

第一篇　是突破性的

主題：研究發展

儘管，社會不停地在進步著，而人性的需求，則永遠未有滿足的時候。

因此，我們處理任何問題，如果將一個取自於昨天的舊經驗，而用之於規劃今日實質不同的新事務，是不會產生良好之效果的。證諸事實，今天社會上所發生的一些不能被大家所接受的問題，無可否認，大半都是由於過去若干年前所創制的，而現已完全失去了它本身價值之某些倫理觀念或應用科學，至今依然在繼續地運用著，未能及時以新方法或新制度而予以代替所使然。

壹、導　論

因為，人類社會是動態的，而人類的文化模式，因受到某些動態因素的影響，乃逐漸有所變遷與創造。然而，我們如何檢討過去、把握現實，因「變」而求「新」，去開拓未來，以適應社會進步的需要？那麼無疑的，研究發展工作，當為一個主要的動力。所以我們在尋求革新與創造的征程上，無論是管理科學，抑或生產技術，乃至社會上一切事務的規劃，均祇有根據時代潮流的「變數」，不斷地加以研究發展，才能促進社會進步，滿足人性需求。同時，也唯有如此，而在個人事業、團體福利；以及國家建設等各方面，才有極大的成就與輝煌的貢獻。由此，在我們的概念上，必須確認：

——研究發展，是為革新的追求！

——研究發展，是因進步的創造！

——研究發展，是應人性的需要！

綜其要旨，所謂研究發展工作，不外乎開發或改善自然環境，創新或發揚人文社會科學，以實現人類所理想的和平、繁榮、自由、幸福；與夫安和樂利的大同社會。

貳、研究發展的定義

研究發展（Research and Development），此一新興的科學，今雖為世界各國所重視，但每因國家、地區、社會；以及其工業經濟發展之程度不同，於是所給予的解釋，尚無國際性的統一界說。不過，其主動積極的精神，是在求「新」，已經成為大家共同的看法。至於其進行的程序，通常是由基礎（Basic）、而實驗（Experimental）、而應用（Applied）三個階段，作為探討性的研究，以期能獲致突破性的發展。但是其一切工作進行的過程中，必須與「人」、「事」、「物」、「時」密切配合，始能發揮其最大的效用與最高的功能。

為了說得更清楚些，現在我們將研究發展分開來作排列式的述之：

所謂研究（Research），無疑的乃是一種「致知」的學問。因為研究是一個以科學方法用來作為求知的手段，所以我們認為任何一個人或一個團體，基於某種「動機」或「需要」，在進行研究工作時，必須從科學分析出發，方能獲得他所要尋求的問題之答案。同時，惟有以科學方法所獲得之知識，才是真知識，以科學分析所獲得問題之答案，也才能真正解決你所要解決之問題。 國父孫中山先生曾經說過：『凡真知特識，必從科學而來也，捨科學以外之所謂知識者，多非真知識也。如中國之習聞，有「天圓而地方，天動而地靜」者，此數千年來之思想見識，習為自然，無復有知其非者，然若以科學按之，以考其實，則有大謬不然者矣』

（「孫文學說」第五章，知行總論）。由此可以證明，研究是一種致知的學問，而且用研究所求得的知識，才是真知識。

所謂發展（Development），無疑的乃是一種「創造」的學問。因為發展是以一個應用已知的科學事項，去找出一種新的理論或新的方法，作為解決問題的手段。但是這種應用已知的科學事項所獲致的解決問題之答案，其可靠度如何？則需要透過以哲學的思維法則，去作校正的工作。所以我們要改革或創新某一事物，由研究而發展，在決定起步邁向新的境界之時，必須從哲學判斷出發，方能有所依據而不致遭到失敗。

概括言之，研究與發展工作，是就宇宙間一切的事物，不知的，要求知；未做好的，要做好。其主要的精神，不僅在使事物的求「新」，而且要達到「止於至善」的境界。總統　蔣公中正對此說得最為獨到，他說：「任何一件事物，不明白的當然要研究明白，已明白的還要求徹底明白；未做好的當然要做好，既做好的還要求做得更好！總要天天有進步，天天有新的道理和新的東西發明出來，宇宙間學問與事業，是沒有限量的」（「科學的道理」）。這也就是我國「易經」上所說的「至誠無息，不息則久」，以及「天行健，君子以自強不息」的道理。

為使大家對研究發展有更進一步的認識，以下我們特摘錄日本、及歐美各國對研究發展所下的定義，提供參考。不過彼等所作的研究發展之範疇，僅限於產經及科技部份，在這裡我們必須加以說明者。

一、歐美對研究發展所下的定義

歐洲「共同市場之經濟合作發展組織」（Organization for Economic operation and Development），亦作經常性的研究發展工作之調查，對於研究發展之定義，則認為是為達到增加新知識而從事的一種有系統之創造性的工作。其中應包括科學、文化和社會等各方面，並進一步依其工作性質之不同，分為三項如次：

一、基礎研究（Basic research）：此為純理論性或實驗工作，其主要目的，在發現新理論與瞭解宇宙之新現象。

二、應用研究（Applied research）：此項研究，係以應用為目的之新知識的研究工作，著重以實用為主。

三、實驗發展（Experimental development）：是應用既存的新知識，而從事製造新的原料、零件、產品、程序、系統、以及服務等之工作。

至於工業先進者之美國，對於研究發展，最為重視，而且也最有系統。對於研究發展所下的定義，也最為簡明扼要。所謂研究發展，包括科學、工程之「基礎研究」與「應用研究」。而有關「模型」（Prototypes）、「製造程序」（Processes）的設計發展，也包括在內。至於一般例行產品試驗、市場調查、銷售推廣、銷售服務、社會科學和心理研究，以及其他非技術性與技術服務等工作，並未列入研究發展範疇之內。其研究發展亦分三類，而其所下定義，大致與日本、歐洲相同，於此不再加以贅述。

二、日本對研究發展所下的定義

日本在第二次世界大戰之後，為了復興重建，對於科技方面的研究發展，特別重視。因此其在法律上，已有明文規定，每年必須舉辦調查一次，以為從事研究發展工作之依據。同時，自一九六〇年五月即已開始，距今已有十七年的歷史。其不僅對研究發展所下的定義非常明確，而且對研究發展範疇的劃分，也極其清晰而明顯。至於其研究發展的目的，亦分為：

1. 基礎研究（Basic research）：主要在建立一般性的理論或其他科學的新知

識，以擴大其知識的領域，作為國家建設的資本。但此項研究，並不具有商業性質或技術目的。

2.應用研究（Applied research）：此為應用而從事增進科學技術知識之研究，其目的則為利用已有的基礎知識，作為進一步應用於新產品的製造或新產品的生產方法之上。

3.發展研究（Development research）：此項研究之目的，是為基礎與應用兩項研究的成果，而從事發展新的原料、設備、新產品、新系統、以及製造程序之創造或改良者。

以日本企業界為例，其對研究發展所下之定義與範疇，是指其企業界中研究發展單位，包括在公司中之研究單位（Research institute），試驗研究之工廠（Plant studied），以及實驗工廠（Pilot Plant）應用科學之方法與技術，作有系統的研究與創造，以促進對自然現象、產品、及生產系統技術改良之各種研究，皆屬於研究發展之範疇。其對非研究發展工作，同樣的也作很明確的規定。茲分述如後：

A、研究發展工作範疇：1.在上述研究單位所作之基本研究工作，如思考（Thinking）、設計（Designing）、資料蒐集（Data collection）、試驗製造（Trial manufacture）、試驗（Testing）、檢查（Insight）、分析（Analysis）、以及與研究發展有關之報告等。其中並包括：⑴必須之機器、用具、設備之建造。⑵動、植物栽殖與培養試驗。⑶研讀相關參考文獻。⑷研究發展防止污染之工作。2.在非研究發展單位所進行之上述工作，並包括試驗工廠及模型之設計、建造和試驗等之工作。3.為研究發展而作的一般性會計工作。如因內部經費無著，而作外部委託研究發展之工作等。

B、非研究發展工作範疇：1.產品及半產品（Products and Semi Products）之品質管制、檢查、試驗及分析。2.已試驗成功後之經驗產品（Economical Products）所需要的機器設備之設計。3.地質與地球物理之研究調查、製圖及地下資源之勘測。4.申請專利工作及員工之招訓。

C、研究發展主題：1.科學；2.工程；3.農業；4.醫學；5.文學；6.法律及政治科學；7.經濟；8.教育9.其他。

三、我國對研究發展所下的定義

談到我國研究發展工作，可以說剛剛起步。我復興基地之臺、澎、金、馬，自光復迄今，乃是以農業為重心的經濟發展，到農工並重的經濟結構，在隨著世界經濟發展趨勢不斷的向前推動。在國內消費方面，已由進口供應逐漸發展到建立進口代替工業，進而發展到工業產品的輸出，其輸出品的產值，已佔我整個輸出百分之八十以上。因此，工業在經濟結構中之比重越來越大；同時隨著高度經濟快速成長，使研究發展工作，也越益感到其重要。不過我國經濟係屬於開發中之新進者，對工業生產之研究發展，尚在仿製或購入專利的階段，日本及歐美等之研究發展工作項目以及其工作程度，未必和我國相同，故在做法上，當然不能完全仿效。根據行政院青年輔導委員會委託國立臺灣大學商學研究所對臺灣地區民營大型企業研究發展與技術創新所作的研究報告，說明我國對研究發展作有系統而完整的研究，尚係首次進行，為配合我國經濟發展背景，對於研究發展應給予之定義，經參酌學者專家們的意見，並經多次修改，而係採用列舉式的方法，即是說，凡從事下列工作項目者皆屬之。

1. **內部研究發展之工作項目：**

A、其有關產品方面者：(1)收集工程技術資料。(2)改善現有產品之性質與品質。(3)開發現有產品之新用途。(4)策劃發展新產品。

B、其有關機器設備方面者：⑴提高原有機器設備之效能。⑵仿製成自行設計之生產機器設備。⑶改善儀器。

C、其有關生產程序及原料方面者：⑴改善製造技術及程序。⑵公害處理。⑶發展新原料。

2.外部研究發展之工作項目：

A、有關與國外技術合作者：⑴提供藍圖。⑵選送人員出國訓練。⑶國外技術人員駐廠指導。⑷使用商標。⑸專利權的授與。⑹提供原料或零件。⑺交換最新技術資料。

B、有關委托其他機構研究發展者：⑴改善製造程序。⑵改善機器設備。⑶改善儀器。⑷訓練技工。⑸設計產品。

在此一範疇中，並不能包括一般例行的機器修護、產品測驗、純粹品管、市場調查、以及管理政策（Management Policy）之研擬等工作。

至此，所謂「研究發展」為何？自當有所瞭解。

叄、研究發展的重點

人類生活的慾望，是永無止境的。因之，社會的進化與研究工作，也就成為一種自然發展的趨勢。

我們從事於任何工作，必須站在時代尖端，而且更要針對人性需要，不斷地加以研究發展，向前推動，才能有所成就。否則，只要你今天稍停一步，便會成為明日的落伍者。

下面我們試以個人、企業、及國家三者為例，作為說明研究發展的重點。

一、研究發展與個人事業

就個人而言：研究發展是其事業成功的關鍵。此即是說，一個人的事業，如果他能就其本身所具備的條件，而以既有的成就作基礎，不斷地加以研究與發展，其進步必速；同時，在其人生的征程上，雖不能如自己的理想直上青雲，但定可飛黃騰達，是可預期的。反之，如抱殘守缺，不思競進，其不僅不能保持現狀，而且於旋踵之間，即將由落伍而失敗，當為意料中的事。所以我們認為一個成功者，其要訣即是他永遠不會滿足於既有的成就。關於此一環節，總統　蔣公中正曾經提示過，他說：「人類的智慧，是永無止境的。因此，人類的成就，也就永遠不會有令人滿意的時候，實在人類的進步，就都是從這不滿意於既有的成就底精神上發展出來的」（「新時代的將領必須具備新的精神和新的習性」）。由是以觀，益加使我們瞭解到研究發展的重要性。例如愛迪生（Thomas Alva Edison）之所以能有一千一百種以上的發明，而成為世界上偉大的發明家，使全人類都能夠享受到舒適而方便的現代生活，就是由於他不停地從研究發展工作中所創造出來的。當他不了解某些事物如何或者是為何時？他就嘗試於各種的實驗，直到獲致答案後才肯停止下來。他這種不達目的絕不中止的研究精神，就是他成功的主要條件。所以他說：「我在任何環境之下，絕不允許自己遭到失望」。這是值得我們效法的。

二、研究發展與國家建設

就國家而言：研究發展是其民族生存的憑藉。我們知道，近代世界各國，對於研究發展工作之推動，可以說不遺餘力，尤其是對於國防科學之研究發展，更有驚人的成就。例如美、蘇兩國之太空探險競賽，便是一個最好的事實。根據專家們的指出，今天一顆氫彈的破壞力，等於第二次世界大戰時英國本土所遭受轟炸的總量數，言之實令人不寒而慄。所以，美國艾森豪總統對此特別強調說：「研究與發展，是國家存亡的關鍵」（Research and Development are the Key to Survival）。這句話，充份地說明了研究與發展，對於一個國家的存亡，有著密切的關係。

總統 蔣公中正也曾說過：「生當此一科學文明劇烈競爭的時代，如果不知把握科學精神，不斷研究，不斷發展，不斷精進，那就不但真將後退落伍，而且根本要被天然定例所淘汰」（掌握中興復國的機運）。又說：「美國今日其所以有這樣富強，雄視一世，可以說他就是得力於他這種不墨守成矩，和不滿意於既有的成就；亦即得力於他這種不斷研究，不斷發展的精神。所以我常常說科學的基本精神，就是在於發展，亦即在於研究，在於深入、貫徹、與實踐。並認為，如果要那一件工作成功，就先要從失敗的方面去研究，要那一件工作進步，就先要從缺點的方面去檢討，這實在就是推動科學進步的重要方法。只可惜我們的民族性，總是襲常蹈故，不越窪步，本已有了發展的，就不再去繼續研究了，本已有了成就的，亦就不再去繼續發展了」（新時代的將領必須具備新的精神和新的習性），言之深以為憾。我們懍於總統　蔣公以上遺訓之深切遠大，亟應向歐美科學先進國家急起直追，加倍努力於研究發展工作，藉以促進我國科學技術之長足進步，且使之充份運用於日常一般作業；尤其是要充份運用於國防軍事與戰鬥之中，當為首要之圖。茲試舉二例，以證斯說。如我國在新石器時代的後期，當神農氏第八代的後裔榆罔在位時，因勢力衰微，各部族相互攻伐，致情勢混亂，無法統治。這時黃帝以救難為懷，便乘時而起，敗榆罔於阪泉（今為察哈爾的懷來縣），取而代之以後，南方的九黎酋長蚩尤，復興兵反抗，乃又與彼大戰於涿鹿（今為察哈爾的涿鹿縣），當以風沙滿天，莫辨方向，使戰鬥無法進行。黃帝為克服此一困難，經細心研究而創造發明了「指南針」，就借助此一工具，終將蚩尤擒殺，而竟成其民族統一戰爭。因此，黃帝不僅成為我國建國後的首任君主，而且對現代航海的導向，更有莫大的貢獻。其次，如美國在第二次世界大戰期間，為贏取戰爭的勝利，經運用國防科技知識，在武器的研究上，有了突破性的發展，而製造了威力強大無比的「原子彈」，就憑藉此一獨特的秘密武器，迫使日本無條件投降。這在在說明研究發展，對國家民族存亡的重要性。

三、研究發展與企業經營

就企業而言：研究發展是其營運開展的要件。由於當前科技知識有了爆發性的進展，所以我們說，二十世紀之今日，是一個加速度的時代，其所以如此者，主要關鍵就在研究發展有了突破性的成就。試看近十餘年來，不知有多少新產品，尤其是石油化學部份，已從無中生有，變化無窮，有著驚人的發展；同時，又不知有多少產品，僅在短短的三五年之內，便因陳舊而被淘汰。這說明時代的浪潮是無情而殘酷的，經營企業，如不著力於研究發展，奮力求新前進，無疑的便會遭到天演的定例所遺棄。再者，由於交通工具發展迅速，使整個世界逐漸縮小，只要鄰國的新產品一出現，就馬上會影響到本國舊產品的存在。一種安於保守的我國傳統習俗與慢條斯理的前進步伐，勢必被迫而非要加速不可。一個成功的企業，則只有在產品上不斷求新與發明創造，才能在今日加速的時代裡，獲得生存和發展。

其次，我們再看，在我國經濟發展過程中，對國際貿易的擴張，可以說扮演了重要的角色。由於出口不斷的增加，使生產可以享受規模的經濟和國際分工的利益；同時，由於外銷的拓展，吸收了大量的勞力，促成所得分配的平均化，也符合

了 國父孫中山先生「民生主義」的均富理想。這不能說不是企業界的成功，而且也是企業界一大貢獻。不過，我們假使仔細加以考量，便不難發現我們所輸出的工業產品，絕大部份都是屬於技術簡單而勞力密集的初級加工品，不但出口的地區集中，而且產品的種類也很少。儘管近年來企業界在農、漁、工業等各方面，已經重視了研究發展，對增產和外銷績效卓著，曾贏得了國內外的注視與讚譽。但是，我們也無可諱言，在各企業機構中，所建立的研究發展組織，大多不夠健全，而且在研究發展投資的比重上也過少，這不能說不是我國企業界亟待改善的一個缺點。當前我國企業界所面臨的挑戰，就是自世界能源危機發生後，因油價不斷上漲，工業原料價格跟著調整，以及工資繼續向上猛晉，致若干出口產品，已逐漸喪失了其在國際市場上競爭的能力和優勢。在這種情況下，我們在可以預見的未來，與其他開發中國家的競爭，必然會日趨激烈。因此，我們必須在生產技術與產品創新上，力求突破性的發展，否則，對將來市場的開拓，其困難是無法避免的。在此，我們希望我國的企業界，今後在國際上要想和別人一較短長，則只有從研究發展中去尋找勝利成功的鑰匙。

我們知道，現代企業經營環境與以往不同。一個成功的企業，必有其長期的規劃與應變的策略，才能適應今日劇烈的變動與萬分複雜的情況。因此，我們對於研究發展工作，就非予以重視不可。對於下列企業經營各種環境的改變，也就必須加以認識和肯定。

其一，企業科技進步之加速化：近年來，由於企業科技知識進步的神速，使產品的生命週期，便越來越短。以飛機製造為例，當年世界著名的道格拉斯公司之DC-3型飛機，曾稱霸民航客運達十五年之久，此後，其DC-7型則不到五年，乃被DC-8 型及波音七四七型所取代。當波音七四七型在正式試航時，而各國航空界又在積極研究發展兩倍超音速之客機，以圖繼續向前萬進。其他在電子與電子計算機方面，也有類似的驚人成就與進展。在這種科技知識加速進步的情形下，使企業為開創新產品所作的投資，則大為增加。

其二，企業組織規模之複雜化：在第二次世界大戰之後，像美國的企業組織規模，為因應開拓國際市場的需要，即日趨龐大而複雜了起來。我國今日積極策劃成立之大貿易商組織，也是為了適應企業經營環境的改變。這就是說今後的企業，勢必從單一公司及國內市場，走向集團性的企業（Conglomerate），以及多國性的企業（Multinational Business）。然而，在這種組織規模如此龐大而複雜的企業之中，如何建立起一種有系統的程序，使管理人員能保有主動的創造精神，去適應環境改變的機能所具有的彈性和生氣！那無疑的是，非借助於研究發展工作不可。

其三，企業決策趨勢之延長化：由於企業外在環境（並包括技術條件在內）變化的速度加快，使今日企業管理人員從事決策時，不能祇顧及目前的狀況或需要，而忽略時間與幅度的延長。因此，一個企業的決策者，就必須考慮到未來的發展，作多方面的預測，才能有所成就。例如美國的福特汽車公司業務規劃，業經著手研究公元二〇〇〇年代的交通遠景，作為策定未來交通工具的依據。再如各大航空公司，其一面訂購波音七四七型的客機，一面又在研究未來十至二十年間更新型的飛機、及更現代化的機場設施之可能發展，以迎接未來的人類社會之新環境與新需要。我國經濟發展之所以將原訂的四年經建計劃，改為六年經建計劃，就是根據此一趨勢的發展而予以延長。所以西諺有云：「在太陽底下，沒有可以一成不變，而自滿自得的東西」。此一求新的警語，是值得我們正視的，尤其是企業的決策者。

根據以上所說各點，使我們認識了研究發展的重要。其不僅對個人的事業及國家的生存，有著不可以價值去衡量的貢獻，而且對於一個企業的經營成功與失敗，更是一個決定性的因素。但是我國的民營企業，在當前一百零六個企業集團所屬的三百多個大型企業中，已建立的研究發展部門，尚不到半數，對研究發展所作的投資與支出也甚少，而負責研究發展的專職人員，其人數雖年有增加，但學歷及素質多半偏低。以行政院青年輔導委員會於去（六五）年對我國民營大型企業所作的專業調查顯示：

A、設有研究發展專職部門者，只佔四〇・五%。

B、從事研究發展工作的人數，其年增率雖高達二四・三%，但從其學歷及素質看，仍嫌偏低。其中碩士以上者，只佔四・四二%，學士則佔四五・〇五%，其餘均為專科以下程度。

C、對研究發展所作投資支出，在其營業額的比率上，平均只佔〇・三一%，尚不及美國的六分之一。

D、但是，採用與外國技術合作者，則有五五・四九%，其中以外國技術人員駐廠指導為合作方式最多。

因此，我們希望我國的民營大型企業，都有及時普遍建立研究發展部門的必要，期能爭取我國科技的自強和獨立，並擴大投資與容納國內外的高級人才，使我國經濟發展，百尺竿頭更進一步，邁向已開發的國家之林！

肆、研究發展的史略

研究與發展，是人類「致知」和「創造」的學問。

在人類的世界裡，其所以能創造今日輝煌燦爛與登峰造極的人類文化，以及其在生活上享有高度的物質文明，探本窮源，無疑的，乃是由於各方面不斷的研究發展而來。

研究發展既有如此的重要，那麼，這門學問究竟起自何時？根據人類奮鬥的事實加以分析，我們認為：在人類的文化史中，它雖是一種新的科學，但自有人類以來，就已經開始，這個答案，應該是肯定的。因為，當時的人類，為著求生存，除了用個人自己的智慧，和自然災害相搏鬥，同時又能以群體的力量，去戰勝洪水、毒蛇、猛獸。於是為求進一步的發展，便運用人類獨有的思考能力，不斷的克服了無數的困難，也改善了各種險惡的環境，繼續的向前邁進，以期能達到自由、安全、與幸福的理想生活境界。

可是，人類的慾望是永無止境的，因之眼前既有的成就，也就永遠無法滿足其需求的時候。而研究發展工作，就是在無止境的人類慾望與不滿意於既有的成就交互影響之下，擔任著促使其進步的一個重要角色。

以下我們試就研究發展的史乘，略作析述於後：

一、由人類的求生存說起

研究發展開始於人類的求生存，這是我們已經肯定了的。不過，到了真正從事於有系統，而也有計劃的研究發展工作時，那應該是十七世紀以後的事了。因為，在此一時期，先有對創造世界文明貢獻最大的培根（Francis Bacon）所著的「新工具」（NoVum Organum-1620），繼之又有以數學方法應用到科學問題的研究上之笛卡兒（Reni Descartes）所創作的「方法論」（Discours be La methode-1637）。在這兩本由原理到方法權威著作的出版以後，才使這門「致知」與「創造」的學問，成為一種有系統的科學。但是，當時並未引起人們的重視，直到第二次世界大戰結束後，由於世界各國注意到經濟發展，厚植國防力量，於是很快而廣泛的受到普遍運用，尤其是工商企業界，為了創新產品，對於研究發展所作的投資，其數額便一天比一天龐大了起來。

準此而論，我們可以依據　國父孫中山先生的認識哲學進化觀點，將研究發展這門科學演進的歷程，分為三個時期：「第一、由於人類不斷的求生存，故能由草昧而進入文明，此為「不知而行之時期」；第二、經過千百年之奮鬥經驗，發現學理對促進社會進化之重要，於是由文明再進文明，此為「行而後知之時期」；第三、自科學發明以後，人們以學理應用於方法，使一切進步的速度，突飛猛進，大有一日千里之勢，此為「知而後行之時期」。不過，在此必須加以說明者，這祇能提供研究參考，不能作為定論。

當然，「羅馬不是一天造成的」。科學的成就也是如此。牛頓（New-ton）曾經說過：「假使我曾看得遠些，那因為我是站在往昔科學家的肩膀上緣故」。美國太空人阿姆斯壯（Neil A.Armstrong）、艾德林（Edwin E.Aldrin Ir）、和科林斯（Michael Collinis）駕「阿波羅」十一號（Apollo xl）登陸月球的成功，乃是由於「水星計劃」六次飛行，及「雙子星計劃」十次航驗累積的結果。我國先哲有云：「泰山不厭拳石，故能成其大，河海不擇細流，故能成其深」。即同一道理。而研究發展這門科學技術，其最大的一個特性，就是可以累積。上一代的智識可以傳到下一代，而下一代則以上一代的智識作基礎，繼續更上層樓。從橫斷面看，決定一個時代的因素很多，科技智識只不過是其中之一，但從縱斷面歷史的觀點看，可以累積的科技智識對社會結構衝擊甚大，常常是促使社會演進的一個重要動力。因為：科技智識對人類生活的影響可以包含著兩方面。

其一、是實質的：由於研究發展使生產技術進步，故引起生產方式改變，帶動了人類物質生活和社會結構的調協，於是促使人類由採掘時代進入到漁獵時代，繼之又由農牧時代邁向工商時代。若以消費言之，應分為三個階段。人類為著求生存，在生活資料方面，故先求其有，為著求發展，次求其好，為著求享受，再求其豪華。但是，人性的需求是永無止境的，所以研究發展也就沒有停止的一天。

其二、是抽象的：應包括文化思想及價值觀念等。如我國的紙張傳入到西方，便促成歐洲的文藝復興。如望遠鏡的發明，便促使新宇宙觀的建立。如馬蹄鐵的製造，便樹立起騎士的權威，從而奠定了歐洲中世紀封建制度的基礎。凡此，皆是研究發展科技工具的進步幫助了人類思想進步最好的例證。

二、進入到所謂神的境界

到了二十世紀下半期，由於科技研究工具進步，而促進新的科技發展，於是使歷史進入到一個科技的時代。

我們知道，工業革命不過發明了代替人力的機器。而科技時代所製造的機器產品，已逐漸可以代替人的智力，像現在的「電腦」，就已經能夠分析記憶，幾乎進入到所謂「神」的境界。比方說：在試管裡生育，而事先可以決定誕生者的智慧和性格，即為一例。

發展科學，其目的在造福人類，這是我們首先要肯定的一個前提。當時的工業革命，將機器造成強有力的生產工具，使每個人都有的一雙手，在生產過程中的地位，逐漸為少數人控制的機器所取代。於是便形成了擁有機器的資產階級和使用機器的勞動階級的不和諧，在初期曾引起社會很大的不安現象。後來幾經研究發展，使各種經濟制度不斷的加以修正和調節，像福利化的資本主義與自由化的社會主義，都走向了中庸的道路，同時也越來越能兼顧到各個階層民眾的利益。如此，由科學發展所創造發明的機器，才真正為人類帶來安定和繁榮。

其次，我們要特別加以強調的，工業革命所創製的工具，它只能決定人類的「生產」方式，而科技革命所創製的工具，將決定人類的「生存」方式。它對人類生活的衝擊更大，而且其發展驚人的速率將不敢想像。按一般科技的發明與應用，通常經過四個階段。即：先是在理論上尋求證明其可能性，其次在實驗裡作成功的試驗，第三是工程上困難的克服，最後是商品上的化粧，一旦到了市場銷售，便對社會產生實質的影響。在科技時代裡，這四個階段所需要的時間也越來越短。像過去「照相機」的發明，前後經過了一百一十二年，「電話」的製造，也用了五十一年，「電視」的構成，僅化了十二年，而最近研製成功的「雷射」，只費了兩年又六個月的時間，其後不過一年多就問市了。但人類的生活與社會結構的改變；以及個人對新價值和新觀念適應的速率，無論如何恐將是無法追趕的。當一種新的智能技術領先舊的傳統倫理思想或觀念越多時，而個人和社會所遭受的壓力也越大。然而，我們如何去迎接這一挑戰而加以適應的調整？這不又是研究發展工作的任務嗎！難怪滿清末年當西學東漸時，李鴻章即大聲疾呼：「……輪船電報之速，瞬息千里，軍器機事之精，工力百倍，……實為數千年來未有之變局」。今人又何嘗沒有這種慨嘆呢。

三、以中外史實作為論點

在工業科技的研究發展上，近代西方國家創建最多，但並非其專利品。我國過去在此一方面，也曾有過輝煌的表現。現在一般科學發展雖然落後，那只是近兩三百年的事，其在古代的科學思想，是非常發達的。如尚書大禹謨有云：「德惟善政，政在養民。水火、金木、土穀惟修：正德、利用、厚生惟和」。就是我國最早的科學思想之矯矢。正因為有了這些科學思想，我國古代便創造了指南針、蠶絲、瓷器、火藥、紙張，以及印刷術等六大發明。茲依次分別列述於後：

㈠指南針——指南針就是現在的羅盤（**Compass**），即相傳我國古代所發明的。據宋史仁宗天聖五年，工部郎中燕肅上奏曰：「黃帝與蚩尤戰於涿鹿之野，蚩尤起大霧，軍士不知所向，帝遂作指南車。周成王時，越裳氏重譯來獻，使者迷失道，周公賜輧車以指南，其後法俱亡。漢張衡、魏馬鈞繼作之，屬世離亂，其器不存。宋武帝平長安，嘗為此車而制不精……後魏太武帝使郭善明造之，彌年不得；使扶風馬岳制造垂成，而為善明鴆死，其法遂絕；今臣精研成之以進」。由此可以證明，指南針為我國古代所發明，其對於航海和航空之導向，以及現代世界交通之裨益，是為一大貢獻。

㈡蠶絲——蠶絲為黃帝后嫘祖所發明。她始教民育蠶，治絲繭以供衣服，故後世祀其為「蠶神」。禮記有云：「治其麻絲，以為布帛」。大概人類最早是縫製皮革為衣，迨有了麻絲之後，衣服原料才大為改善。因為蠶眠為繭，繅繭為絲，五色繽紛，織成文章，以表現我國古代衣冠文物之盛。根據禹貢所載，中國產絲區域計有豫州（以伏牛山為中心）、青州（以泰山為中心）、兗州（在黃河濟水之間）、徐州（沿淮河流域）、荊州（在江漢之間）、以及揚州（於長江下游）等六處，可見中國古代產絲區域之廣。此外，有云「齊魯千樹桑」，山東產絲亦最為著名；又曲阜為古空桑地，故詩經豳風乃言「桑土」。孟子亦曰：「五畝之宅，樹之以桑，七十者可以衣帛矣」，說明養蠶繅絲早成為農家婦女普遍之職業。尤其漢代民間養蠶治絲之家，多達一千餘戶，所以自漢迄清，中國絲綢獨佔世界市場達二千餘年。故當時由中國通往西方的道路，名之曰「絲路」。這種養蠶繅絲的事業，不僅是我國最早對外的一項貿易，更是我國在科學上的一大發明。

㈢**瓷器**——瓷器為我國最早的一種化學工業，遠在唐堯時代，就已經有了陶器，其後發展到黑陶，到了殷商時，已經不斷的加以研究，不僅創造出白色的陶器，而且後來又由這種白色的陶器進一步發展而成了瓷器。陶器和瓷器的分別，就是陶器無釉，而瓷器有釉。發明後便成為我國有名的特產，尤以江西景德鎮出品的瓷器最為優異，其馳名於世界，迄今不墜，所以外國人稱瓷器為「中國貨」

（China），即是說明我國瓷器具有特點。至於瓷器究竟創自何時？史無記載可考。據隨園隨筆云：「相傳瓷器始於柴世宗」；然於潘岳的筆賦，有謂「傾碧瓷以酌醽」；而柳子厚又有「代人進瓷器表」之說，足見瓷器並非出於後周，可能始於漢代或南北朝，至遲應為隨唐時代。由於這種瓷器的發明，對於人類日常生活效用甚大，這也可以說是中國科學文化最佳的表現。

㈣火藥——火藥在我國古代歷史的記載上，首見於宋仁宗康定元年（西元一〇四〇年），曾公亮及丁度等奉勅編撰的「武經總要」中；到了南宋高宗時，虞允文用火藥製造火箭，於采石磯擊潰金主完顏亮的入侵，這已經達於應用的階段。迨火藥傳入阿拉伯和歐洲，以年代計之，當在一二五〇年以後的事了。不過在治史者之中，也有人以為火藥傳入到歐洲，是在一三二五年，其所持的理由，因為在這一年，阿拉伯人曾用火藥攻擊西班牙的罷沙城。其後歐洲的鎗砲與火箭，都是利用我國所發明的火藥為根源。這值得我們驕傲，也是中國科學文化的成果。

㈤紙張——紙張是後漢蔡倫所發明。據後漢書蔡倫傳云：「自古書契，多編以竹簡；其用縑帛者，謂之為紙，縑貴而簡重，不便於人，倫乃造意用樹膚蔴頭及敝布魚網以為紙，元興元年奏上之」。按元興元年為漢時和帝年號，是西曆的一〇五年。換句話說，在歐洲開始用紙一千年前，中國即已發明了造紙。這種造紙術傳入到西域的回教國家，是在唐玄宗時代，約為十二世紀之時。此時回教國家製造的紙，已開始輸入南歐的法、意等國。英國近代史學家韋爾恩（Wells），在他所著的「世界史綱」裡，講到中國的紙對於人文的關係時說：「我們如果說紙是促成歐洲的文藝復興，亦不為過」。這種讚譽，是非常平實的，我們也應當之無愧。

㈥印刷術——中國最早的印刷術，是唐懿宗咸通九年（西元八六八年），為王玠所刻的金剛經。但我國印刷術的發明，當在這一年以前。但到了唐朝的末年，我國書籍的印刷，始逐漸的多了起來。迨北宋時，中國的印刷術，已先後傳至日本和高麗。宋仁宗慶曆年間（西元一〇四一年），書商畢昇又發明了「活字版」，這比德人顧登培（Gutenbers）於西元一四五四年，初次用活字版印刷聖經，要早四百餘年。至於歐洲採用雕刻版印刷，這可能與蒙古軍隊西征有關。所以後來世界著名的史學家若維烏斯（Jovius），認為中國的印刷術，是促進人類文化一個劃時代的大發明。

至於談到西方國家對於科技的研究發展，當在一四五三年歐洲文藝復興運動以後才算真正開始。其後各個國家雖然均在不遺餘力的積極進行，但以後來居上的美國表現最為突出。其建國迄今雖只有兩百週年，可是美國人在科技上的創造發明，而其裨益於世界人類的貢獻，已經是無法計量的，例如：

1.在一八四二年，發明「麻醉劑」使用於外科手術，使世界人類需要施行外科手術的病患者，深受其惠，而免除痛苦。

2.在一八五九年，於發現「石油化學的用途」後，便逐漸將石油運用到衣、食、住、行各方面，人類的生活大為改善。

3.在一八七六年，當美國慶祝一百週年時，格拉翰、貝爾發明了「電話」，於是縮短了人類彼此之間心智的交通，越洋可以對話。

4.在一八七九年，對於研究發展最有成就的艾迪生，又發明了「電燈」，照亮了世界，讓黑夜變成白晝，這在改善人類生活上，是最最重要的一種發光體。

5.在一九〇三年，哈佛大學講師霍華德・艾根，經多年的研究發明了「第一代電腦」，其不僅已經應用到各方面，而且竟能引導太空船登陸月球，也就是他最成功的傑作。

6.在一九四五年，由於發明了「原子彈」，迫使軍國主義的日本於第二次世界大戰中無條件投降，這對制裁侵略者不無貢獻。

7.在一九五四年，醫藥上又發明根治小兒痲痺症的「沙克疫苗」，使很多國家減少了小兒痲痺症，這不能說不是人類的一種恩物。

8.在一九六〇年，痲薩諸州生物學家平克斯與哈佛醫學博士洛克的「避妊藥丸」問世，使一般婦女解除生理與心理以及道德上的壓力。

9.在一九六九年，一項劃時代的壯舉，揭開了太空的秘密，那就是美國太空人阿姆斯壯登上月球，寫下了征服太空進程的第一步。

總之，這些由研究發展所創造的科技成就，其最主要的目的，無非是為了滿足人性的需要。不過，我們要知道，社會越進步，物質越文明，人類的慾求越多。而研究與發展的史乘，也就是沿著這一路線，不斷地向前推動。

伍、研究發展的要旨

從事任何一種有意義的活動，首先必須了解它的活動要旨是什麼？這是無法省略而且非常重要的一個環節。

我們從事於研究發展工作，當然也不能例外，其要旨約可分為：㈠研究發展的前提；㈡研究發展的原則；㈢研究發展的階段；㈣研究發展的領域，共四個項目來加以申述。如果我們能善加領會，則對於研究發展工作之精神，便會有一個完整的概念，而對於研究發展工作之推進，亦即會有一個良好的開始。

一、研究發展的一大前提

研究發展工作，其前提祇有一個，那就是面對著宇宙人生的整體，以「致知」與「創造」的方法，去「增進人類全體之生活」；「創造宇宙繼起之生命」。離開了這個前提，便無研究發展之可言矣。

換句話說，從事於研究發展工作，不僅在滿足人性的需求，而且要對歷史負責。我們非常瞭解，這是一項艱鉅的任務，不過，做任何一件事，都會遭到若干難題，如果這些難題，我們能以想出一套新辦法或新定律為之解決，便是研究發展工作的成功。如斯，則其所司之事，自能暢所欲為，而達到其目的。在此，我們僅以民生經濟研究發展為例，便可以說明一切。因為人類自洪荒時代開始，其所以能經由採掘時期；而漁獵時期；而遊牧時期；而農耕時期；直至今天的工商時期，使人類生活的資料，由無到有，由「需要」到「安適」，以至於到「享受」，就是由於人們不滿足於既有的成就，經過不斷的努力，以「致知」與「創造」的方法，解決了所遭遇的難題，所獲致的成果。

所以，研究發展工作的前提，最主要的，就是要在宇宙與人生整體需要之下，針對所遭遇到的難題，以科學「觀察」與哲學「判斷」，去尋求問題之答案，而以最佳的計劃為之解決。然後，這種研究發展計劃，用之於「人生」，自能「增進類全體之生活」；用之於「宇宙」，自能「創造宇宙繼起之生命」。同時，這種「生活的目的」和這種「生命的意義」，才是我們研究發展工作所要追求的最高境界。

二、研究發展的兩項原則

今日世界各進步國家，對於研究發展所賦予的使命，多在「目的決定一切」與「效率高於一切」兩項原則之下，要求儘速完成。前者是屬於「基本」（Basic）的研究發展範圍；後者是屬於「應用」（Applied）的研究發展範圍。由此可知，研究發展工作，決非出自盲動，而必須有其目的作為指引，亦必須有其事實作為依據，然後針對其目的與事實，進行其「實務」（Operations）的研究發展，而在「效率高於一切」的原則之下，以求快速的達成其任務。

茲試以消除廢物方法為例，作為研究發展的兩項原則之印證。我們知道，清除廢物之用意，旨在要求環境之整潔，有益於人類的衛生，此即為「目的決定一切」之原則。然而如何促其實現？乃有放射性物質清除法、消毒法、吸塵法、以及洒掃法等之研究發展，用以節省時間、經費、及人力等，而能使所有廢物儘速予以清除，此即是「效率高於一切」之原則。

其次，我們再舉一例，以為輝映。如當代的歐美國家，尤其是美國，對於研究發展之成果，多儘先用於軍事裝備，以圖制敵機先，稱霸世界，而確保其國家民族生命之安全。是以對於各項研究發展工作之推動，皆以國家利益為依歸，而確定其國家目標、而制訂其國家政策、而擬具其國防計劃、而建立其軍事教育制度等，然皆以「目的決定一切」與「效率高於一切」兩項原則，去推行各項研究發展工作。所以近年以來，其為領先蘇俄之太空探險，對於太空科技之研究發展，可以說已盡其全力而為之，故其成就亦大。

三、研究發展的三個階段

研究發展工作，這雖然是一個新興的名詞，但實為人類與生俱來的一種學問。

人類為適應其各種不同的生存環境，而有其各種生存競爭與追求自由幸福的創造發明。例如人類的政治史，是由洪荒時代、而神權時代、而君權時代、而民權時代。這可以說是歷史演進的過程，同時也可以說是研究發展的結果。

我們從事於研究發展工作，無論是自然科學，抑或人文社會科學，均可分為三個階段進行。那就是：

第一個階段——為理論的研究發展（Theoretical Research and Development）。

第二個階段——為基本的研究發展（Basic Research and Development）。

第三個階段——為應用的研究發展（Applied Research and Development）。

此即是說，基於「理論」、「基本」與「應用」三個階段的研究發展，企求以「人」與「物」相互配合之外，尚有一種以達成最有效用之研究發展，亦即是以人文科學研究發展所獲致之「方案」；與自然科學研究發展所獲得之「成品」，作為混合運用之研究發展，稱之為「實務」研究發展（Operations Research and Development）。

茲舉二例於後，以證斯說。

例一、先就人文科學之研究發展而言：　國父孫中山先生鑑於滿清腐敗，國勢凌夷，乃結合中西政治哲學思想之精華，而創造一部博大精深之「三民主義」，這便是第一個階段理論的研究發展。此後，他為了實現他的政治主張，再進一步擬訂「建國方略」、「建國大綱」、與「實業計劃」，這便是第二個階段基本的研究發展。於今我們根據 國父遺教，及針對實際情況，釐訂各種實施方案，據以建設國家，改善民生，這便是第三個階段應用的研究發展。至於如何將這些研究發展的實施方案充分予以運用？這便屬於實務的研究發展的範疇了。

例二、再就自然科學之研究發展而言：人類在日常生活中，常因外界的媒介，致遭病菌的侵入，或因蚊蟲類以及其他動物所噬傷，以致身體發炎，產生中毒現象。於是藥物學家，乃思有一急救之道，開始對生物學之原理與分子理論進行研究，此即為理論的研究發展。其次，以應用化學探求對各種微生蟲類之影響與變化，並利用人體之抗毒性能，及血清等作用，進行研究其基本知識，此即為基本的研究發展。第三，再根據理論的研究發展所探求之根源，及基本的研究發展所獲得之結論，於是乃有各種消毒劑之製造，此即為應用的研究發展。

析言之，理論的研究發展，乃是基於人類的求知慾，而從事於一種新知識之追求。這種工作，並不計物質的報酬，乃是為了探求真理與科學所產生之結果，或為某種學說，或為純粹理論。前者如王陽明的「知行合一」學說，與　國父孫中山先生的「知難行易」學說，以及總統　蔣公的「力行哲學」等。後者如達爾文（Darwin）的「進化論」（Thi Theory of Revolution），愛因斯坦（Eisteim）的「相對論」（The Principle of Relative）等。而基本的研究發展，則在將純粹理論，進一步作基本現象的探求與驗證，以冀獲得事實的依據，發展而為一種「定律」或「實驗方程式」，以提供世人運用，造福人類。至於應用的研究發展，乃係前述兩種研究發展所得之成果，作更進一步的探討，以求解決各種實際問題，於是乃產生各種計劃作業，如實施力案及實施辦法等是也。

四、研究發展的四種領域

研究發展工作，不論任何機構之任何業務，均與「人」、「事」、「物」、「時」。有其直接或間接的關係，故其研究發展活動的領域，亦即以此四者為其主要的對象。茲分別析述於後：

㈠**以「人」言之**：人為萬物的主宰，其精神、意志、與思想，恒可使人類的生活方式、或社會制度，為之改觀，這說明人的作為是偉大的。所以研究發展工作第一個對象為人的領域，是非常正確的。今天的科技知識的發展之所以能夠突飛猛進，一日千里者，莫不是由於人的因素居中操縱。以軍隊作戰而言，致勝的要素為軍人的戰鬥意志，若缺乏這種精神條件，其雖擁有最新式的武器裝備與最佳的戰略戰術，是仍難克敵致勝，甚或為敵所敗。在第二次世界大戰結束以後，美國對於人性潛能的研究，不遺餘力，即是由於其瞭解人的因素的重要。因此，我們推動研究發展工作，必須針對人的精神因素、心理因素、以及人性潛能的發揮，要特別加以注意。而當前一般成功的企業家，其給予勞工的待遇之所以能夠注重人性管理，亦即是基於此一觀點而來。

㈡以「事」言之：經營任何一種事業，雖有賴於人的因素為其主宰，但在行政事務上，若無良好的管理制度，與適當的作業程序，則必雜亂無章，散漫浪費，勢難有所成就的表現。當你發現此一問題，於提出革新意見時，應找出癥結所在、針對事業需要，既不可輕採浮議，亦不應以偏概全，尤切忌擬訂脫離現實的辦法，去隔靴搔癢，不切實際，必須考慮週詳，方可期其妥善，付諸實行。所以近代以來，對於「事」的研究發展，多著重於科學的行政事務管理，尤其是在企業機構中，對於科學管理的推行，普遍受到採用，其成效也特別顯著。

㈢以「物」言之：物為人類生活必要的條件，凡食、衣、住、行、育、樂，莫不有賴於物的供應。我們知道，天生萬物，必有所用，其能經由「需要」、而「安適」、而「享受」，使物力得以充分發揮，用之有效，然皆由於科學技術的研究發展而來。尤其是在石油化學工業被研究成功之後，對於人類所需的各種物品之發展，幾乎可以做到遂心所欲，層出不窮。由此我們可以相信，任何一種動物、植物、或礦物，只要大家能夠潛心去作研究發展工作，均將對人類世界有著各種不同的貢獻。

㈣以「時」言之：時間在研究發展工作中，佔有重要的地位。它對於任何人來說，都是有用的，因為任何人都不能脫離時間而存在。這從表面上看，人是受時間的控制，由時間來擺佈，而從事實上看，時間卻掌握在人的手中，但看各人如何去運用它。如果我們把時間當作土地，一個善於處理它的人，則可化為良田，種植任何作物都會豐收，一個不善於處理它的人，其情況也就完全不同了。儘管這時間的土地到處皆是，但只有讓一些雜草叢生，一無價值可言。記得羅馬有名的政治家西塞羅氏曾經說過：「時間是真理的前驅」，斯言甚是。因為時間能給予人們一切，但是必要的條件，就是要你能向它學習，否則，它是無法把你造就的。我們要知道，時間的偉大處，是在它的腳步，亙古以來，從不改變，所以刹那之間，即是永恒。惟有如斯，才能孕育宇宙萬有。我們對於時間要作的研究發展，不是別的，就是時間的永恒性與持續性，惟其永恒，乃能週而綿延；惟其持續，乃能始終如一。因此，我們對於時間的運用，若從「人」的角度看，它即是生命；若從「事」的角度看，它即是歷程；若從「物」的角度看，它即是金錢。所以說誰能切實的掌握著時間，有效的運用時間，誰就是成功者。

陸、研究發展的演進

研究發展工作推動的方式，古今中外各有不同，而研究發展工作的各種成就，亦莫不因之而各異。其中不論是工作形態、思維方法、以及科學精神等，更無一不在演進之中。茲略述其梗概於後：

一、研究發展工作形態的演進

我國古代，在自然科學方面，雖有火藥和指南針等之創造發明；與諸子百家之學說問世，但這卻都是委託於少數人的承擔，而且常因某項目的已達，或以興趣改變，或以其人病故，乃即告中斷。在這種情形下，即令其中有一二人作持續研究而偶有一得，更每因視為私人瑰寶，不願公諸於世，以求進一步之發展，尤其是如醫藥之類，祇知傳之後代，而不肯授予他人，於是所謂「祖傳秘方」式之矜持態度，如今仍大有人在。

至於泰西各國的研究發展工作，最初亦僅賴於少數窮苦學者委身於閣子樓中，或地下室，從事暗中摸索與潛心探討，其間雖有不少的創造發明，但其成就不大。迄至十七年紀初葉，自歸納論理法之始祖英人培根（Francis Bacon）所著的「新工具」（Movum Organum 1620），與最偉大的數學家法哲笛卡兒（Reni Descartes）所著的「方法論」（A Descartes on the Method of Rightly Conducting the Reason and Seeking Truth in Sciencss 1637）這兩本書出版之後，代表著一種前進的努力，而這種努力超越了肯定的觀察和簡單列舉的粗率歸納程序，同時更將數學方法應用到科學問題的研究上，此不僅為現代科學思想與方法，奠定了良好的基石，而且也為近代研究發展工作，鋪設了一條康莊大道。

因此，近代歐美各國的研究發展工作，便基於這種科學精神和科學方法，使其有著突破性的進展。同時，在研究發展的工作形態上，也由個人的、私有的研究發展，演進到公開的，而有組織有計劃的研究發展，藉使由人力和財力之集中，到思想與智慧之融匯。而最可貴者，即是能將研究發展工作，變為人類生存競爭的手段，將一般科學理論和方法，成為世人日常生活的有效工具；而且更能將研究發展的成果，優先用於國防計劃，以之制敵機先，而確保國家民族之生存與發展的安全，其貢獻之大，乃成為一種不可否認的事實。

二、研究發展思維方法的演進

思維乃一切工作的動力，而研究發展工作，當然需要透過思維而後方能活動。我們在日常生活或作業中，所面臨的困難或所欲探求的問題，若能採取適當的思維方法，予以有效運用，必可迅速圓滿的獲得解決。

不過，思維方法甚多，實難一一盡舉。就哲學而言，計有下列各種：

㈠**概觀法**（Synopsis）：概觀法亦名「綜要法」，又稱「統整法」，乃總攬和通觀之意。對於任何事物，須通觀其全體、總攬其要義，將各方面的道理連貫起來，以求徹底瞭解，即古人「觀其會通」之謂。其與「綜合」（Synthesis）不同。

綜合是將原來分立的各種東西湊合在一起，此即所謂只見樹枝而忽視森林，不易窺其全貌；而概觀則注重全體的各部分，彼此息息相關，既見森林而又知其樹枝，使其能合成一個整體。換句話說，就是要把各種學術思想，加以綜合整理，構成概觀系統。哲學之所以能成為一種整統的學問，就是著眼於宇宙和人生問題的全部，同時也就是概觀所要追求的結果。

㈡**批判法**（**Criticize**）**：**批判就是用懷疑的眼光，對於他人的思想見解，加以評判。因為哲學是從個人出發，凡事皆用自己的理智去判斷，決不輕易接受他人的意見，而盲從附和，所以主張批判。例如孟子批評楊朱、墨翟，世人便說他好辯，他解釋說：「楊、墨之道不息，孔子之道不著」，是邪說誣民充塞仁義也。仁義充塞則率獸食人，人將相食，吾為此懼」（孟子滕文公章），故不得不辯，而非辯不可。又亞里士多德（**Aristoteles**）於成名後，對於他的老師柏拉圖（**Plato**）許多見解不對而加以批評，他說：「吾愛吾師，吾更愛真理」。由此可知，批判可以辨明異同，知其是非得失，是一種最好的研究方法。不過，要批評他人，必須自己有中心思想作基礎。而　國父孫中山先生批評馬克斯（**Karl Marx**）的「唯物史觀」和「剩餘價值論」，就是以「民生史觀」和「社會價值論」之真理作為自己的主張，故能成為一家之言。

㈢**推理法**（Inference）：哲學是講邏輯的，所以特別注意推理。如果我們稍加研究，便可知道哲學中的一切道理，無不是由推理而來。所謂「推理」，就是以一個或兩個以上既知的判斷作依據，而推到另一個判斷的思維方式。既知的判斷叫作「前提」（Premise），新得到的判斷叫作「結論」（Conclusion），由此發現其間關係，就是推理。其方法有「直接推理」（Immediate Inference）和「間接推理」（Mediate Inference）兩種，直接推理是從「前提」的關係，即直接推出「結論」，勿須其他的概念作媒介。例如：

貓是動物，加詞為：白的貓是白色的動物。

人皆有情，轉變為：人莫不有情。

貓不是虎，易位為：虎也不是貓。

這是由原命題的主詞（Subject）與賓詞（Object）之間的關係，直接推成為新命題。至於間接推理，則是在「前提」之後，以其他概念作媒介，而得到的「結論」。此有三種方式——

㈠是由一個普通原理，依三段論法（Syllogism），而推到一個特殊的結論者，為「演繹法」（Deduction）。例如——

大前提——凡馬皆為獸，（普通）。

小前提——此是一匹馬。

結論——故其獸為——（特殊）。

㈡是由一個特殊的事實作前提，而推到一個普通的結論者，為「歸納法」（Induction）。例如——

大前提——孔子、孟子、柏拉圖、亞里斯多德都死了，（特殊）

小前提——孔子、孟子、柏拉圖、亞里斯多德是人，

結論——所以，凡是人類都會死的。（普通）

㈢是根據事物間相似相同之點，由此一特殊推知到彼一特殊。以此喻彼者，為「類推法」（Analogy）。例如——

大前提——地球上有陽光、水、空氣、生物，（特殊）

小前提——火星上有陽光、水、空氣，

結論——故火星上可能也有生物。（特殊）

至於講到科學，其與哲學的方法不同。科學注重事實，而不單靠推理。因為科

學中的一切法則，都是為了解釋事實的。羅素（Bartrand Arthur W.Russell）曾經說過：「要達到科學法則，有三個主要階段：第一、要有觀察意義的事實；第二、要取得一種假設，如其正確，便能解釋這些事實；第三、要這個假設演繹成各種結論，此可由觀察證驗之。如果那些結論被證驗對了，而那個假設，便暫時認為正確。惟因應以後新的事實再發現，所以它必須經常要修改」（羅素著：「科學觀」第一篇，第二章。王光煦、蔡賓牟譯。臺灣商務印書館人人文庫）。惟其如此，故科學所用的方法，主要有下列各種：

㈠**觀察**（Observation）：觀察是把事物變化的現象紀錄下來，作為研究的資料，以求正確知識的一種方法。譬如我們每晚看到天上的星星、月亮在動，這不能算是觀察，要像天文學家詳細的加以窺測，並經常注意到有那些星球在運行？有什麼新星又出現？而將它的軌道和位置確實的予以記載，才有研究的價值。觀察須用各種儀器來協助工作，而對所觀察的事物，卻只能聽其自然變化，不可用人為的力量去干涉它，以擾亂它原來的形態，而且需要力求客觀真實。 國父孫中山先生說：「近來大科學家考察萬事萬物，不是專靠書，他們出的書，不過是由考察的心得，貢獻到人類的紀錄罷了。他們考察的方法有兩種：一種是用觀察，即「科學」。又說：「比方觀察非洲和南洋群島的野蠻人，便可知道從有開化的人是一個甚麼情形」（國父著：「民權主義」第一講）。所以科學要經過觀察，收集資料，才有事實作根據，這只是科學研究的第一步。

㈡假設（Supposition）：假設是說明由觀察所得的資料，而假定的一種學說。科學家在觀察事實以後，對已知的各種現象，作了適當的解釋，便提出假設。提出假設要有四個要素：⑴要符合事實，且能包括全部而未有遺漏；⑵要理由充足，經得起論證的辯難；⑶要簡單明瞭，可解釋複雜的問題；⑷要能改正過去假設的缺點，合理而不矛盾。然後經過實驗、證明沒有錯誤，即可成為定律（Law）。如果這種定律不夠圓滿，便要繼續追求，另行提出新的假設，直到合於事實而圓滿為止。

㈢實驗（Experiment）：實驗是觀察中的一種，但與觀察不同，因為它是用人為的方法，對所研究的事物反覆進行試驗，有意改變其原有的形態，或造成一種新的現象，而分析其內容，觀察其變化。科學家把同樣的事物，分為幾組來試驗，看各組所得的結果是否相同，加以比較，否則，乃假設不符，證明假設有誤，便被推翻而不能成立。科學家伽利略（Calileo），用兩個輕重不同的鐵球，從比薩

（Pisa）的斜塔上同時丟下，便打破了亞里斯多德的「臆說」（Hypothesis），證明他的「落體定律」（Law of Falling boby）之正確，而成為實驗科學之祖。此後，科學家經過不斷的實驗，更發明了許多的新定律。

四歸納（Induction）：歸納是將觀察、實驗所得的事實綜合起來，加以比較，找出其中因果關係。因為天地間的事物種類繁多，現象至為複雜，當一件事情的發生，其真正的原因究竟在那裡？一時難以斷定。約翰．彌爾（John S. Mill），從各種事物的類同（Agreement）、差別（Difference）、及相互變化（Concomitant variations）中，找出其主要相同之處或相異之點，而加以分析比較，判明其影響所在，決定其因果關係，乃成為其「歸納五術」。他在其「邏輯系統」（A Syseem of Logic）一書中，自認這五種歸納的方法，都離不開比較。他說：「第一、是聯合凡能發生某種現象的各個事例，加以比較；第二、是將有此現象的事例與無此現象的比例，加以比較。前者是類同法，後者是差別法」。其他如同異並用法、共變法、歸納法三者，亦皆與比較有關。因歸納是要異中求同，由特殊的個別事實，求得其普遍的共同原理，故非加比較不可。歸納是科學中的一種主要方法，故英儒培根名之曰「新工具」。

㈤數理（**Theorem**）：數理是科學的基本法則，它包括各種數學，如算術、代數、三角、幾何、及微積分等。我們研究任何事物，為了要求得精確，必須用各種儀器對其體積、成分、溫度、速度、重量、以及距離……等，加以衡量，計算越精確，接近科學的程度越高。英國科學家克爾文（Lord Kalvin）說：「當你們所說的事物能夠加以衡量，且能表現於數字，你便得到有關於它的知識；反之，如不能衡量，而也不能表現於數字，則你所得到的知識，必不完整。這也許只是知識的開端，然而你的思想，則未必能進入科學的大門」（張益弘教授著：「哲學易通」第一篇、第四章）。由此可知，科學不但要用測量、統計來分析事物，比較其消長變化，而且要以抽象的公式，去計算各種問題，以推演出它的定律。如牛頓的「萬有引力」，愛因斯坦的「相對論」，都是用數理推算出來的。今天真正的科學，已經離不開數學了。社會或人文科學雖然與自然科學不同，但有許多學科，都是用統計的方法，並根據具體數字來分析，以求得確實的結論。同時，自電腦（Electronic Computer）發明以後，數理的應用更為廣泛而普遍。

三、研究發展科學精神的演進

研究發展這門學問，自十七世紀以後，由於工作形態和思維方法的不斷演變，使近代的自然科學，朝向著科學精神與科學方法的坦途，作迅速而大踏步的向前邁進。而社會或人文科學，亦多有演進而為「科學化」的趨勢。

所謂科學精神，即是以科學方法對於某種事物，或某項作業，精益求精，使其結論不但能趨於一致性和恒久性，而且要達「系統化」，俾助於若干定律或法則的創立。　國父孫中先生對此曾經提示過我們：「科學者，系統之學也，條理之學也」。即是強調科學精神，在於「科學化」或「系統化」。

近代的自然科學，如物理學、化學、醫學、數學、生物學、以及地質學等，都已相當科學化或系統化了，所以用科學方法從事於研究發展工作，其成就異常顯著。但在社會或人文科學方面，如教育學、心理學、經濟學、社會學、以及政治學等，由於各家學派不同，觀點各異，故尚未能做到完全科學化，或系統化。不過，研究社會或人文科學的專家學者，卻都朝著此一方向努力邁進中。例如近代的企業管理、人事管理、以及行政管理等，亦多已趨向於科學化或系統化了。

柒、研究發展的投資

研究發展是一項投資事業，而且需要隨著時代的進展，繼續不斷的投資，才能有所成就，造福人群。

因為，社會不停地在變化，大家都知道現代的技術、科學、建築，乃至藝術音樂，均與以往不同；尤其是在衣、食、住、行與大眾傳播工具方面的進步，遠較過去任何時期為速。此種幾近於戲劇性的改變，自瓦特（James Watt）研究發明蒸汽引擎和奧克里特的水槽，在一七六九年申請專利，英國開始利用紡織機以廉價布匹供應世界，使一般社會大眾享受舒適衣著，而脫離寄生蟲的侵襲後，亦不過兩百年，這在整個人類歷史上所佔的時間極為短暫，而其所發生的變化卻是驚人的。

世界「經濟合作暨開發組織」（OECD），因鑑於科學及技術乃經濟與社會進步之重要因素，故對其各會員國在研究發展方面所做的努力，曾經詳加分析予以報導，指出各國用於研究發展之經費總額，在國家資源中所佔的比重；用於研究發展的人力、費用，分配於基本研究、實用研究和發展上所佔的比例；以及所訂的研究發展目標，所建立的研究發展機構，與其所著重的各類工業等，均極具參考價值。本文特依據「國際經濟資料中心」（The In ternational Economic Information Center）所編印的「國際經濟資料叢書」（Economic Information）第五十四輯「各國科學與技術發展」（Science and Technology），所載「經濟合作暨開發組織會員國用於研究發展之資源」一章，擇要加以評述，以供研究參考。該項資料雖然逐年均在變動，但由此可以窺其梗概。

一、研究發展的經費與人力

「經濟合作暨開發組織」各會員國家，用於研究發展的支出，其各個數額相差甚為懸殊。為了便於比較，可將這些國家按其大小及經濟結構，分別加以歸類。其中除美國外，第一類如英、法、德、義、日五國，可以算是「工業化的大國」，其用於研究發展支出最多的為英國，以美元計算，共有二十二億元，支出最少的為義大利，僅有二億九千萬元。其次，如奧地利、比利時、加拿大、荷蘭、挪威、及瑞典等六個國家，可以歸到「工業化的小國」的一類，其用於研究發展支出的最多的是加拿大，計有四億二千五百萬美元，支出最少的是奧地利，僅有一千三百萬美元。第三、有五個「開發中的國家」，如西班牙及土耳其二國，其用於研究發展的支出，各約為二千五百萬美元，愛爾蘭、葡萄牙、及希臘等三國，其用於研究發展的支出，各僅有一千萬美元。

美國用於研究發展的支出，究竟有多少？顯然地沒有一個會員國家能與其相比。因之我們將美國稱之為「超級的工業化大國」。要想比較美國用於研究發展上的資源，最好是以人口及國民生產毛額作概略的一個集團比較。根據統計顯示，美國用於這一方面的支出，按照官價兌換比率計算，為所有歐洲會員國總和的三倍，是歐洲共同市場六個國家總和的六倍。故美國在工業科技研究發展方面，一直保持著領先的地位。

至於各會員國用於研究發展的人力，在比較上雖受到某些技術因素所限制。但卻無幣制兌換的問題。故在人力投資與運用方面，各會員國間相差並不顯著。在各「工業化大國」中，就用於研究發展的合格科學家、工程師及一般技術人員總數而言，日本居於首位，計有十八萬七千名之多，英、德、法三國每年雖不盡相同，惟總在十萬名左右，而義大利則祇有三萬人。各「工業化小國」在這方面所用的人力，最高為荷蘭，計有三萬一千名，最低為奧地利，則僅有三千名。各「開發中的國家」，最高的西班牙，計有六千五百名，最低為希臘，僅有一千三百名。

而美國用於研究發展的人力，與歐洲國家比較，其相差並不像資源那樣懸殊，與西歐相較，其比例為一．七比一，與歐洲共同市場六國相較，其比例為二．六比一。其用於研究發展費用比例及人力比例之所以有如此顯著差別者，究有何種程度係由於在研究發展之比較上幣制兌換率有所缺陷？又有何種程度係顯示美國科學家、工程師及一般技術人員享有較高的研究設備？則無法尋找出確切的論斷。

此外，尚有一種比較用於研究發展的經費與人力方法，那就是視其佔國家資源之比率以為論據。雖然也可以從事研究發展人數佔人口總數為比例；或以用於研究發展的每人平均支出來作比較，但最好的方法還是用於研究發展的國民生產毛額佔其總額的比例為妥。不過，我們可以肯定的說，無論採用何種方法，美國用於此一方面的經費與人力，在比例及數量上均高居首位。惟美國用於研究發展的每人平均支出，以官價兌換比率與其他會員國相較，似略嫌估計過高。但在各「工業化大國」中，用於研究發展的國民生產毛額比例最大的，首推英國，最小的是義大利。平均每人支出，亦復如是。惟在人力方面，以日本為最高，而且日本在統計上，並未完全按照全日工作的專任標準計算；其餘四國相差並不太大。在這些比較方法上，荷蘭及瑞典用於研究發展的資源與各「工業化大國」相似；加拿大及比利時也相差有限；奧地利、挪威與義大利可以相提並論。但在「開發中的國家」，祇有愛爾蘭有百分之零點五的國民生產毛額用於研究發展，且每萬名人口中即有五位以上合格的科學家及工程師，再加上一般技術人員從事這一方面的工作，所以此等國家，用於研究發展的每人平均支出均極為低微。

二、研究發展的目標與潛能

「研究與發展」（Research and Development）一詞，意指自純粹的知識追求，及改善現有產品與程序的全盤活動，通常分為三個階段：即「基本研究」、「實用研究」與「發展研究」。基本研究「開發中國家」及「工業化小國」較為重要，而所有工業化國家，則發展研究較實用研究更為重要，特別是美國與英國。

各國的研究發展工作，雖然有一部份純粹為了促進科學的進步，可是大部份則從實用方面著眼。若干「經濟合作暨開發組織」會員國之研究發展的目標，多在增進發揮國防潛能，諸如太空探測及原子能的知識與使用方法之探討等。而美國的研究發展費用，有三分之二以上即是資助此等目標，其他如英、法、瑞典各國，是自三分之一至二分之一；以及加拿大、希臘，則各約為四分之一，均係為了此一目標而設。

其餘各會員國研究發展的支出，大部份都是在促進各該國的經濟建設，及從事醫藥衛生的研究，特別是比利時、日本、荷蘭、及愛爾蘭等四個國家。

就現有的統計資料，難以正確比較各別會員國用於各個目標的絕對數字，惟按官價兌換比率，似可認定美國國防、太空及核子方面研究發展的支出，為歐洲各國的七倍，為共同市場六國的十二倍，但用於改善經濟研究發展的支出，則僅為歐洲各國的二倍，共同市場六國的三倍。

發展國防、太空及原子能，均由各國政府撥款研究，如美、英、法、及瑞典等。而促進經濟潛能發揮的研究發展，大多數工業化國家，則由私人企業機構負責，惟私人企業尚未臻健全的開發中國家，或經濟重心尚在農、漁業及開拓天然資源的國家，而其工業發展向由政府支助者，則其政府用於經濟方面的研究發展支出，也佔極大的比例。

至於私人資助的研究發展，主要是在工商企業部門，包括私人工業、研究組合、及公營事業。由政府資料的研究發展，則視研究發展之目標何在？是由各國之經濟思想而定。其用途的分類，也受到如何劃分的影響，特別是在政府與高等教育機關，以及非營利私人機構之間的交錯地帶。

在「開發中國家」的研究發展，均集中於政府部門。在工業化的國家中，其政府部門的研究發展，所佔比例最大的，是法國及加拿大，所佔比例最少的，是法國及荷蘭。由高等教育部門所從事的研究發展，其中多依賴政府直接或間接補助。但美、英、法、加、及瑞典等國，其教育部門用於研究發展的支出，比較言之並不算大；而德、荷、日、奧、比、及挪威等國，其所佔的比例較高。在一般「開發中國家」，其大學用於研究發展的經費支出雖然不多，但卻聘用相當多的合格科學家和工程師，從事於研究發展工作。

美國及「工業化大國」，其研究發展均集中於工商企業部門。其中除法國外，所有工業化的大國，三分之二的研究發展支出皆用於此一部門，而「開發中國家」此一部門，尚用不到三分之一。至於「工業化小國」，其用於此一部門的研究發展開支則不盡相同，所佔比例最大的為比利時及瑞典，計有三分之二，比例最小的為加拿大，僅有五分之二。而荷蘭、挪威及奧地利三國，則處於二者之間。

三、研究發展的規模與尺度

根據「國際統計年報」所獲資料，工商企業的研究發展，高度集中於僱用一千人以上的公司，而美國更集中於僱用五千人以上的公司，因此，研究發展便成為一種高度集中的活動。所以在這些國家中，用於研究發展的經費支出，至少佔全部工商企業研究發展支出的百分之二十；「工業化小國」所佔比例更大，約佔百分之三十至百分之四十，荷蘭甚至佔百分之六十。而美國及「工業化大國」，其所佔比例則最小。

一般言之，在西歐如英、法、瑞典及比利時等國的公司，其研究發展的規模，至少要比美國公司小十倍，其他歐洲國家，如挪威、奧地利，及西班牙等，較之美國公司要小一百倍。惟英、德兩國各有二三家公司用於研究發展的經費支出，每年均在一億美元以上，荷蘭也有一公司可以歸入此類企業。

而工商企業的研究發展，大部份皆集中於三類工業，即⑴化學工業，其中包括藥品及石油產品；⑵電氣工業，其中包括電機及電子，美國和義大利尚包括通訊在內；⑶航空工業，航空工業的研究發展，向由政府大量補助，特別是美、英、法三國。電氣工業的研究發展，在美國半數以上經費均由政府資助，在英、法、加及瑞典四國，由政府補助的自四分之一至二分之一，其他會員國家其補助則均在百分之十以下。至於化學工業的研究發展，主要由私人資助，由政府補助最多的是美國，其數額也不過百分之十六。

要測量這三種工業研究發展的程度，其最可靠的尺度是以僱用合格科學家、工程師、及技術人員人數為準。航空工業僱用於從事研究發展的人數，各國相差甚為懸殊，不成比例，而且這種工業，並非每一個國家均可大量發展者。在電氣工業方面，日、英、德三國「工業化大國」，各僱用三萬名合格科學家、工程師、及技術人員，其次為法國，計一萬六千名，再其次為義大利，計五千名。而「工業化小國」，以加拿大及瑞典僱用人數最多，其餘國家僅比利時僱用將近一千名人員。按西歐各國電氣工業僱用的科學家、工程師、及技術人員從事研究發展的人數，均等於美國的百分之七十，共同市場六國僱用的科學家、工程師，及技術人員，約等於美國的百分之四十。在化學工業方面，以日本僱用的科學家、工程師，及技術人員為最多，計有三萬二千名，其次為英、德兩國，計有兩萬名，再其次為法國及義大利。「工業化小國」在三千名（荷蘭）及三百名（挪威）之間，而「開發中國家」

則自兩百名（葡萄牙）至三十五名（愛爾蘭）。以歐洲國家全部僱用從事化學工業研究發展的合格科學家、工程師，及技術人員總數，約等於美國的百分之八十，共同市場六國則等於美國的百分之五十。

從以上「經濟合作暨開發組織」國家對研究發展所作的各項投資，只要稍加分析，便可以很清楚的告訴我們一個結論，那就是凡在此一方面所作的投資越大，則其工業化越加快速，其國家力量亦越加強大，美國今天在世界上之所以能成為一個「超級的工業化大國」，就是一個最好的說明。我國近年來，根據 國父孫中山先生的民生主義經濟制度，不斷加以研究發展，使我國的經濟建設得以持續的突飛猛進，而且使我國從一個落後國家一躍而成為「開發中國家」之典範，這不能說不是一件值得我們驕傲的大事。不過，我們從事於研究發展工作，只是剛剛起步，同時在此一方面所作的投資也為數極微。因此，我們建議政府及工商企業機構，應正視此項投資，及時急起直追，才能百尺竿頭更進一步，向著「已開發國家」之途邁進，而置身於「工業化大國」之林。

捌、研究發展的結論

總之，研究發展的結論，簡言之，只有一句話，那就是「未完待續」。因為，我們所作的研究，絕不可能適應於明天的發展。所以說，研究發展的結論，永遠都是那句「未完待續」作為收尾。

記得一九八八年，諾貝爾物理獎得主列德曼（Leona Leder man）曾經說過，「研究發展工作，是一條永遠也走不完的路」。既然如此，那麼為什麼還有那麼多的人願意去走呢？也許在這條路上，由於能獲得各種新知識的驚喜，所以就被這種內在的驅使力為之誘惑。

因此，在其功能的發揮上，被掘鑿出來之後，所有的新事物，便會如泉湧般的奔騰。這時，我們可以從人的大腦中，看到他怎樣去作決策，看到他怎樣去從事公共事物；而同時也可以看到他怎樣去處理他悲歡離合的情感問題。像這樣的黑盒子，一旦全被打開之後，其興奮不言可知。

所以，研究發展工作，不僅對個人，或團體，能有所成就，而且對社會、對國家，更能有無限量的貢獻。希望今後能有更多的人，以接力賽的方式，能接著走下去，俾能鑿出有益於人類幸福生活的更多潛能。

後記：本文撰寫的動機，係本人於一九七七年，爲滿足人性需要，對停滯不前的社會安全工作能有所突破，遂即抽空於臺北哲思工作室，根據過去有關史料，及規劃著墨之基點，並進而能實現「福利國家」（Welfere State）之夢想有所貢獻。

第二篇　是共享性的

主題：社會安全

什麼是社會安全工作？最簡單的說法，就是利用人類潛能與社會資源，去幫助個人或團體及社區解決他們面臨的遭遇所衍生的問題。

壹、社會安全工作基本理念

近代以來，由於歐洲各民主國家對社會安全工作逐漸重視，並為求步調一致，乃確認：社會安全工作是一種特定的基本任務，其目的在協調個人、家庭及團體之間相互的社會關係；經由其對於人力、物力以及人與人之間的關係之呼籲，以促進人性的尊嚴和個人的責任感，所規劃的一種基本工作。

因為，今日人類財富的累積，是史無前例的豐足，但相反的世界有很多地區充滿了貧窮與無知；而同時由於思想與行為的差異，一方面是人類渴望自由、追求民主，一方面卻又是處處受到傳統的束縛與制度的控制。像這種匱乏的壓迫，思想的困惑與價值觀念的矛盾，古代是委之於大命，順其自然，在近代則因觀念的改變，已有所不同。倘能進一步作深入探討，不難發現人類的慾望不只一種，究其終極，則以求新、求安、求同情、求讚譽，與求互助為其基本企盼。於是乃有食衣住行育樂等之需要，和生老病死苦難等問題之產生。然而以何種方式去解決這些需要與問題？根據有關文獻記載，皆是從個人的惻隱，宗教的慈愛，到國家的匡扶以濟之。那時雖未以社會安全工作或社會福利相稱，惟其意義與今日社會工作或社會福利頗為相似。按中文社會安全一詞，係譯自英文：Social Security 而來，目前在我國是採「社會安全」為中文譯名，但在西方並非僅此一名稱而已。有些國家以「社會福利」（Social Welfare）稱之，有些國家以「社會服務」（Social Service）稱之。尤其在美國，除稱之為「社會福利行政」（Social Welfare Administration）之外，還有稱之為「社會服務」（Social Service）者。

至於在國際上一般的看法，則應溯自一九五〇年的聯合國國際社會工作調查報告中所言種類有三：一類是個人慈善行為，一類是公私機構協助不幸者解決困難，一類是由社會安全工作人員協助當事人發揮潛能、改善其生活的專業服務。當然，這三者都是社會安全工作，但其深度卻有所不同。如以其功能發揮來說，就是從消極的解決問題，到積極的增進幸福。但到了一九六〇年，經過西方專家們多次研商的結果，已有接近的趨向，大家都同意：「社會安全是運用個人潛能與社會資源，以協助個人調適環境的一種工作。」

從以上所述各點觀之，現代的社會安全工作，是具有一種特定性與特殊性的工作，也就是因為有這樣特性，所以使各國的社會安全工作，在專業理論、實務方法、人才運用、以及功能的發揮上，一方面因文化背景、經濟狀況、人才素質所造成的差異，一方面又因透過各種國際會議與專業團體的溝通而使基本觀念、方法運用、項目範圍與專業標準日趨接近。這種同中有異，異中求同的態勢，讓現代社會安全工作，益加顯得多釆、繁複與不斷進步的精實。

但到了一九七〇年，第十五屆國際社會福利會議在菲律賓召開時，與會者對社會安全工作的意義，又有了進一步發展。大家都認為：「社會安全工作不是私人慈善的有限救助，也不是教區的同情施捨，而應是國家的慷慨大度的措施，不使受救助者蒙受羞辱，更應拒絕和否定「適者生存」的殘酷論調，確認自由、平等、博愛才是人類希望的願景。」於是，使社會安全工作的境界，益加崇高。

貳、社會安全工作思想淵源

社會安全工作是一門應用科學，它的實施理論，是源於或依據其他社會科學與行為科學。由於它擁有一套科學性的專業方法，並具有濃厚的哲學取向，所以說社會安全工作實施的背景，並不只是科學理論，還要包括思想淵源，與價值體系等。然後，由這些不同的脈絡體系中，來建構社會安全工作的理論模型。

所以說社會安全工作的思想淵源，是形成社會福利思想體系的依據。雖然當代的社會安全工作專業精神係來自西方，但是，各國在此一方面的發展，是受到不同文化及其變遷的影響。因此，我們討論社會安全工作思想體系時，不得不溯自中外兩方面的社會福利思想源頭，以及世界人類所共認的人道主義的本旨。

一、我國的社會福利思想

我國的社會福利思想，淵源於儒家的大同思想，道家的無為思想，墨家的兼愛思想，法家的實利思想，以及佛教的慈愛思想，其中並包括布施、福田、無盡、慈悲、放生、及報恩等。

關於此一部份，因受時間限制，無法詳為解說，請參閱本人所著「中國社會福利思想與制度」一書有關章節、及應邀赴大陸講學論文，如「中國社會安全制度之規劃與實施」及「台灣地區社會福利服務實施概況」等（分載於北京講學論文彙編，及滬杭講學論文彙編）。

二、歐美的古典福利觀念

在西方世界裡，早於古希臘、古羅馬，希伯來時期，就有社會福利觀念，像古希臘的「幸福論」（Eudemonism），即認為幸福是由與別人共享得來的。富者要深覺愉悅，必須獲得別人之喜歡與讚美，甚至想藉此進一步控制別人，那你就應該提供一些財富給貧者。

所以在古羅馬時代，更是強調責任感（Responsibility），認為富者為窮人解決痛苦，是宗教上一個重要的責任；要使受賑者不失其尊嚴，富者也因施賑而更顯得尊貴。

而西伯來人，認為人們應公平享有物質，這是一種正義（Justice）的觀念。所謂公平，是「大同」與「分配」的關係，大同是指個人依其貢獻而享有；分配即每人均應公平享有財富。此為社會福利思想中正義的基本。

三、基督的博愛救世精神

耶穌（Jesus）為基督之創始者，他承襲了希伯來的社會思想，以「神愛世人」的宗教精神，而發為「博愛世人」的基督教義，其對於以「助人」與「利他」為專業的社會工作，自然影響甚大。按耶穌的身體力行服務風範，他並不主張以物質誘人向善，而以精神的愛昇入天國做為其最高的指標。但事實上，現代的社會福利措施，也不祇限於求生理上需要的滿足，更要求使受惠者身心平衡，並注重其心理的健康，此與基督精神的愛，亦有其不謀而合之處。

而宗教的博愛思想，如以當代社會安全工作的眼光來看，似乎偏重慈善與補償式的服務，但是，宗教家的利他、奉獻、博愛與救人救世的精神，以及其以愛心助人和與人為善的思想，均值得任何一位以社會安全工作為其專業者，所應探求而效法的。

四、人道的普世價值體系

所謂「人道」（Humanity），就是待人接物的道理，也是人類追求真善美，發揚人性的一種哲學及價值觀念，而「人道主義」（Humanism）雖由中古歐洲從研究拉丁及希臘文化中獲得的啟示，促成了文藝復興運動，並極力主張尊重人性尊嚴與對個人價值，但亦與以上所論述的我國諸子及宗教各家的「行仁」、「兼愛」、「慈悲」及「博愛」等思想並無二致。尤其是西風東漸之後，而人道主義更是風靡全球。

所以，自古以來，一個社會安全工作者，常以人道主義自居。此種印象，實因社會安全工作中，隱含著甚多人道理念。

叁、社會安全工作哲學領域

所謂「哲學」（Philosophy），是一組信念、態度、理想、抱負、目標、價值、規範、理論或原則。它使我們了解並賦予存在與實體之意義；同時，也了解

「我自己」，「我們」所生存的世界，以及我們的歷史發展所具有的意義。

而「專業哲學」（Professional philosophy），則是指賦予我們的工作意義，提供對現實的描述與測量。這種工作意義描述與測量的模型與標準，可稱之為規範、法則、道德或倫理原則。若將這樣的概念納入社會安全工作之中，那就可以稱之為社會安全工作哲學。

雖然許多現代社會安全工作的專業知識來自西方社會，而每一個社會都有其自己的一套文化體系。然而社會安全工作的專業理論，不只存在於西方社會，而且也分享到亞非各國；即使不同社會的優勢（或主導）哲學，使其社會安全工作實施具有其特點，但是，一種超越種族、社會、文化的哲學觀念，卻仍然會影響到整體社會安全工作的實施與表現，而這些哲學觀念，約可包括：㈠人類之所以為人類的道理是什麼？㈡人類生活的意義與目的為何？㈢每一個人對社會中其他個人負有什麼樣的責任？㈣什麼是好的且可欲求的生活？

一、社會哲學

從以上人類基本生活哲學的探討中，不難看出社會安全工作的影子。在基本哲學概念中與社會安全工作最相關的，應為道德與社會哲學、價值論與倫理。尤其是社會哲學，幾乎直接關係到社會安全工作。此外，宗教哲學，也是影響人類生活很大的一部份。

一個社會安全工作者，常被刻畫成一位善良實行家，提供慈善服務，並激發社區的道德力量。而社會安全工作的專業領域，就是依據以社會與道德哲學為主的哲理基礎，去尋求科學的方法以助人。

社會安全工作之所以須要依據哲學理念來發展專業方法，而是因為其服務的對象是人，以及由這些每一個體所組成的社會。因此，社會安全工作雖不是哲學，但它需要以哲學為基礎；雖也不是科學，但它需要科學的專業知識與方法以助人。所以說，社會安全工作是一門藝術。茲分述於後：

㈠一個社會工作員，不能完全依賴科學所提供的知識來處理動態社會之允諾與原則，而科學也不能告訴我們所想的全然了解，尤其是一些偏好、價值、理念、態度、理想、及感受等。所以從某種角度來看，社會安全工作，並非全然是科學性的理念。

㈡在社會安全工作上，雖然有很多知識來自科學，但社會安全工作在運用這些科學性的知識時，必須了解其藝術性超越技術性；也就是說社會安全工作在科學層面的實施上，不單單就是個人的工技專業。因為，一個藝術化的社會安全工作實施者，或者說一位有思想、有遠見的社會安全工作專家，就不能只在科學知識的境界求滿足。像寇斯（Kohs）他就曾經試圖將哲學理念轉換為社會安全工作的實施方法，他的轉換過程，可以下列二例說明之：

A、以團體工作爲例

(1)哲學概念：人是社會的動物（Social Creature），必須重視團體的連結。

(2)轉換原則：人的自我實現（Selfrealization），必須透過社會接觸，在這方面應充分被提供機會與鼓勵。

(3)轉換方法：社會團體工作的程序和技術的推行，須加以團體成員的參與和團體自決的經驗。

B、以社區工作爲例

(1)哲學概念：人的特質，反應在其社會組織中的社會生活功能所顯示的表現。

(2)轉換原則：解決個人社會生活功能的「失向」問題，宜透過社區的再組織和重振藝術。

(3)轉換方法：社區組織程序和技術的推行，以協助社區人民對其社區生活課題，實現自我決定的權利和能力。

就以上的說明，只是個粗略的轉換，每一哲理概念，不一定只是以一個原理來表現；而每一方法，也不可能只靠一個原則就能施展開來。最重要的，還是要引起讀者對哲學與實施間之關連與靈活運用。

二、意識形態

社會安全工作哲學的另一個相關概念之「意識形態」（ideological），更值得探討。所謂意識形態，是指團體對可欲求的實現，以及對人類社會的偏好之一套信念與價值體系。通常是以「福利意識形態」（Welfare ideological）來顯示涉及社會安全工作的主要哲學理念。而這套福利意識形態，通常可涵蓋四個理念。

(1)人道的（Humanistic）。人道所顯示的社會安全工作哲理，是人的價值、自尊、自我實現、自律、世俗理性、歷史連續觀、社會責任、參與，及正義與平等。

(2)證實的（positivistic）。所謂有價值的客觀化、科學知識、科學的道德理念、邏輯理性、實利主義，有批判而開放的探討、客觀性、普及論與進步主義。

(3)烏托邦（utopian）的。是指理想中的好生活，善良的人民，至善而有責任感的社會。

(4)專業主義（Professionalism）。強調服務的理想，為案主的利益著想，技術能力與自主履行，客觀理念，自我了解，自我訓練，非形式化，責任行為，倫理的整合案主與組織之關係等。

肆、社會安全工作價值取向

所謂「價值」（Value），是對事物或人類特質的偏好與讚許，期待中的世界觀，人類行為的常態模式，以及對欲求與情境的態度。

價值總是相對於客存的世界或他人。所以我們的態度，經常是積極地表達給有價值的人或物，這種趨向的關係，可以明顯的判別為一較穩定的取向，或稱之為一個人的價值取向，或一個專業的價值取向。但是，這種價值取向，經常受到不同文化和不同社會中次文化的影響。

舉例言之，如「社會規模」（social norm），就是價值制度化的一種表現。而價值與規範的內化，也就成為個人行為的參考架構，引導個人與他人建立不同的社會關係，此對我們個人的人格組織賦予甚大的意義；同時也激起我們選擇行為模式，選擇生活目標與方式，以決定什麼是最佳的均衡狀態。

因之，社會安全工作實施的原理原則，將受到社會安全工作價值取向的影響。而這套價值，主要來自社會安全工作的承諾，以及其對社會的偏好，所以社會安全工作的專業價值，也就是由此所形成的。

一、價值範例的層次

通常社會價值，可分為幾個層次去了解，由龐佛瑞（Pumphrey）所列舉的各種範例即可以得到證明。

一、終極價值（ultimate values）：如民主、正義、自由、和平、社會發展、自我決定，及自我實現等。而社會安全工作在這方面，相信人的價值、人的潛能、及個人與社會的完全性。

二、中介價值（intermediate values）：如好的生活，好的家庭，而發展為好的團體，以及理想的社區等。

三、操作價值（operational values）：是指達到終極價值的手段或方法，如好的社會服務機構，好的政府機能，及好的專業人員等。

而同時也有人說「愛」（Love），是社會安全工作的基本價值，所以社會安全工作便被說成「具有愛心的行業」。也有人說「關懷」（carking），才是社會安全工作的基本價值。更有人乾脆把愛、關懷與責任三者說成建構「利他主義」（altruism）的基本要素，也就是「非自私地關心他人福祉不求回報」的本質。

普通為社會安全工作所接受的基本價值是什麼？一般的說法：

㈠個人應受到社會的關懷。

㈡個人與社會是相互依賴的。

㈢個人對他人負有社會責任。

㈣個人有共同的人類需求，但是，每個人則都是獨特的，而異於他人的性格。

㈤民主社會的實質表現，使每一個人的潛能得以充分發揮，以透過社會參與的行動，來盡到他的社會職責。

㈥一個理想的社會，應有其職責與能力，以提供社會中的每一個人都有充分的機會來解決困難、預防問題，以及促進自我能力的實現。

二、價值體系的偏好

由上列那六種基本價值、提供了社會安全工作實施的基礎，而一套完整的社會安全工作價值體系，則又可細分為：

甲、對人的價值偏好：

⑴社會安全工作者，相信每一個人的價值與尊嚴，都是與生俱來的，此所謂天生我材必有用的道理。

⑵每一個人都有能力與動機，去追求他更美滿的生活。

⑶每一個人對他自身與他人（包括對社會）都要負責，亦即在生活的世界中，除了自己之外，要想到還有他人。

⑷每個人都需求歸屬。

⑸每個人都有共同需求，也有獨特的偏好。

乙、對社會的價值偏好

⑴社會必須提供機會，讓每一個人成長與發展，以及發揮其最大的潛能。

⑵社會應提供資源與服務，以滿足人們的需求，並避免食而無糧，教而無師，

病無良醫，住無蔽身，以及種族歧視等問題之發生。

(3)人人都有公平機會參與社會的模塑過程。

丙、對社會安全工作的價值偏好

(1)社會安全工作者，相信所有的人均應受到敬重與尊嚴

(2)社會安全工作者，應使人人都有最大的機會去決定他生活方向。

(3)社會安全工作者，應協助每一個人與他人互動，以建立一個滿足人人需求的社會。

(4)社會安全工作者，相信個人均具有其獨特性，而非以刻板印象對待之。

三、價值度向的表達

從以上所述各點觀之，可以得知社會安全工作的實施方法，是在其工作原則中反映出來的這套價值體系。但由於價值的確立難求一致，而且受到歷史及文化因素的影響，故對於社會安全工作專業本身的價值之探討，也就受到相當程度的重視。而麥克里德（Danna L.Mcleod）和梅約（Henry J. Meyer），從研究社會安全工作員的價值觀，得到一系列有關社會安全工作價值的評論，其中分為十組，每一組都有

一個「度向」（dimension），用來表達了一對可能是相互衝突的價值。茲摘要分述如後：

(1)個人價值相對於體系目標（individual worth vs. system goals）：社會安全工作因重視個人價值與尊嚴，往往偏向於某些特殊需要者，尤其是被制度所剝奪的個人，容易忽視其他如健康、聰明和有關創造力的人。

(2)個人自由相對於社會控制（personal liberty vs. social control）：由於社會安全工作員強調案主自決，保護案主權利，而較疏忽社會控制的功能　往往會帶來系統的行為改變。

(3)團體責任相對於個人責任（group responsibility vs. individual responsibility）：社會安全工作，常強調團體對個人的福利有其職責，而較少顧到個人對團體的貢獻心力的職責。

(4)安全保障相對於奮鬥與掙扎（security-satisfaction vs. struggle）：社會安全工作常強調社會應給個人社會安全的保障，忽略從宗教的觀念出發；而受難與懲罰，往往也能從個人自主自強，並非阻礙福利的發展。

(5)相對論與實用論相對於絕對與神聖論（relativism-pragmatism vs. absolutism-sacred）：社會安全工作，從接受社會科學方法及世俗理性的態度來解決案主的問題，而較少反求人道主義，或宗教哲學的規約來協助解決問題。

(6)革新變遷相對於傳統主義（innovation-change vs. traditionalism）：社會安全工作強調個人改變的意願，尤其是以心理學為主參考架構的社會安全工作途徑，與傳統的社會改良方法不同。但新進採行社區組織或社會福利政策，也是促進社會進步的重要方法。

(7)異質性相對於同質性（diversity vs. homogeneity）：社會安全工作強調個別差異，但文化的同質性，或環境的類屬也是不可忽視的，而同質性的文化功能與組織特質，在某些方面更有達成社會安全工作目標的意義。

(8)文化決定論相對於個人本能論（cultural-determinism vs. individual nature）：一種文化的決定者，相信人性是由社會來決定，行為也是由環境模塑，而否定人類生理的本能，認為人有本我的力量，在這一方面，確實對社會安全工作影響很大。

(9)互賴相對於個人自律（interdependence vs. individual autonomy）：社會安全工作相信人是社會動物，應互助互賴，注意個人與社會責任的關連性，但個人也是獨立的個體，有自由選擇權，從互賴中解放自己，只是如何使某些情境採取集體行為責任，某些時候兼顧個人行為自主的權利，是社會安全工作所要慎重的。

⑽個別化相對於刻板化（individualization vs. stereotyping）：社會安全工作相信任何一個個體均有其獨特性，不應對人產生主觀的批判，這種信念與注重個人尊嚴和價值的認定綜合起來，便會轉而注重個別化的社會工作原則，而不是把個人加以類型化。

從以上所列舉的十項研究評論，並非解釋了所有的一切，而只是提供一些相對性的抉擇。因此，有兩個關鍵性的信念，應可做為抉擇的參考；一是二者均採取的觀念，另一是連續體的觀念。但任何價值在實存的世界中，都應可視為非極值的互通性，在某些情形下，採取以靠另一端為優勢的價值，某些情境中則也可移動至他端，而這樣的抉擇，必須建築在哲理、思想、知識、價值、現實的多變數考量上。

伍、歐美社會安全工作的發展

社會安全工作，始於人類的同情心，而各國社會安全工作的歷史演進，雖各有其不同背景與發展過程，但其中一個共同的現象，那就是淵源於慈善事業（或救濟事業）。此後乃演為教會或社團的社會服務，至第二次世界大戰以後，則是政府所建立的「社會安全制度」（Social Security System）為主，以社團志願服務為輔的社會福利事業。而本題是以歐美與我國的社會安全工作之歷史演進與發展，作為敘述的經緯。

在西方，由於英國的產業發達最早，社會對於貧窮威脅的體會也較深。因此，英國對濟貧事業的提出亦較他國為先。其具有象徵性的事蹟，乃是由一六〇一年的伊莉莎白濟貧法為濫觴，故本節亦由此一事蹟說起。

一、英國伊莉莎白濟貧法

英國從十四世紀以來，禁止對體力健壯之乞丐、遊民施賑救濟、並以法律強制他們工作。至十六世紀，封建制度崩潰，兼受宗教改革影響，一般寺院尼庵皆遭受解散，使向來以此供給食住的貧民，一時失去容身之處，而招致反抗，增加社會不安。是以政府基於救助貧民為社會責任之本務，乃將以往各種有關濟貧法規，加以整合，制定一六〇一年之「濟貧法」（poor Law），通常被稱為「伊莉莎白第四十三號法」（43Elizabeth Law）。

此一濟貧法內容，與以前各種濟貧法唯一的不同處，即貧困的祖父母應像父母同樣接受贍養。同時該法代表英國濟貧立法的最後形態，因之使一般人認為：貧民在政治、宗教、及經濟變遷時期，需要政府以實際行動來供應其需求；並確定教區應負責供養該地區內不為親屬供養之貧民。但教區對貧民救助之責任，限於在該區出生之貧民，最近或曾在該區住滿三年者。這種以「居住」（**Residence**）或「徒置權」（**Settlement right**）為接受公共救助的重要條件，至今仍為爭議的焦點。因為它不允許一個可以自親屬、丈夫或妻子、父母或子女處獲得贍養費的貧民來登記。意指親屬須首先負起贍養貧民之責任，而公共救濟，僅在貧民不能自其家屬或親屬處獲得贍養費時始可予以援手。此一問題，亦仍在爭論之中。

另外，該法為英國奠定政府主持公共救濟事業應有的方式，其中確定的原則是：地方（教區）須為所在地之貧民充實救濟經費，為不能工作者及失依兒童準備食糧，但亦應為體力健全者準備工作，讓政府真正接受了無力供養自己的人們救濟之義務，使今日「公共救助」之理論，莫不以此為重要依據。就這樣，由政府的參與，專人的負責（貧民監督員），以及院外的實施，已經促進了社會安全工作的觀念與方法，這也是對社會安全工作發展的一大貢獻。

不過，該濟貧法實施已久，制度雖已普及，但貧民卻未減少。其中最大的問題，乃造成了為數眾多的貧民不予救濟即不能生活的現象，同時也養成了他們依賴的心理，既不重視自己的自尊心，且干涉了彼等謀生的自由。因之，該濟貧法後來經過議會研究加以修正，其要點有三：

㈠救濟設施須全國一致，如各區應分別聯合成立協會，每一協會最少應設立濟貧所一處，由駐倫敦之委員下鄉監督，並負擬定章則與審核帳目之責。

㈡濟貧所內給予被收容者之待遇，應較一般工人待遇為低。

㈢以院內救濟為原則，廢除院外救助。

按此一法令之修正，數百年來，在英國通稱為：「新濟貧法」（The new Poor Law），其後並經歷數次修訂，至一九四八年制定「國民扶助條例」（National Assistance Act）之後，此一垂三百四十餘年歷史之濟貧法，始告廢止。

二、德國漢堡制與愛爾伯福制

歐洲的社會救濟事業，除英國有許多足資取法者外，其次就是德國。德國在一七七二年至一七七三年之間，因飢饉頻仍，貧民倍增，於是對救濟問題大有難以應付之感。而各市級組織「公共協會」與「地方團體」，乃起而共同從事於救濟事業，如確定地方救濟事務，籌募款項，設立「強迫工作所」，以收容乞丐等工作，但均未能發揮其功效。至一七八八年，始發展出一新的制度，即所謂：「漢堡制度」（Hamburg System）與一八五二年的「愛爾伯福制度」（Elberfeld System）先後並稱，同為世界各國的救濟工作在制度與方法上之張本。

㈠**漢堡制**：漢堡乃德國之一富庶都市，自工業發達以來，人口眾多，居民往來不定，市民生活素質亦極其懸殊。其中獲有工作者固多，但失業者亦不少。因之乞丐與貧民人數亦日多一日；甚至列隊遊行市街，沿門乞食，遂造成漢堡市最嚴重的社會問題。漢堡市民為求此一問題能獲得適當解決　於一七八八年發起組織團體，改良市政管理制度，其中部分計畫，即係有關救貧方案，決定全市分為若干區（District），每區設監督員（overseer）一人，中央並設辦事局（Central Bureau），綜管全市所有救貧行政事務，旨在設法幫助貧民自力更生；對失業者介紹工作，貧困者予以救濟，但沿門乞食者不准任意施捨，貧苦兒童送工藝學校學習就業技能及語文，患病者送醫院診治，並聯絡各個社會救濟機關，在分工合作的原則下，以收整潔劃一之效。該制實施後，效果宏偉，漢堡為之一新。惟其後因貧民日多，都市人口驟增，社會情形複雜，使此一制度乃趨於衰微。

㈡**愛爾伯福制**：在一八五二年，德國另一小市鎮愛爾伯福（Elberfeld）仿漢堡制而加以修正改良，實行成果卓著，對於救助工作的方法，尤有貢獻。該制度是把愛爾伯福全市劃分為五百六十四段，每段約有居民三百人，其中貧民不得超過四人；而每段並設有賑濟員（almoner）一人，綜理全段救濟工作。在中央設有中央委員會（Central Committee）為全市之總賑濟機關，支配管理院內院外之各種救濟事項。凡貧民之求助，皆須與市賑濟員接洽，在賑濟員視察求助者之家庭環境與生活狀況後，始得按其需要予以補助。補助後並須每二週前往調查一次。發給賑款，必須依照法律規定之最低標準辦理，不讓其養成依賴心理，期以能走向自立自助之途。綜觀愛爾伯福制之優點如下：

⑴行政權力集中，監督嚴密，指揮靈活，因之使行政效率大為提高。

⑵賑濟員是由地方人士義務充任，可節省經費，且能提倡志願服務精神。

⑶每段區域不大，貧民人數不多，照顧較為週到，且經常開會討論問題，藉收相互切磋與截長補短之效。

⑷濟貧工作，不僅注重消極救助，更強調扶助貧民自主與貧窮之預防措施。

(5)受救助者申請後及施行救助前，賑濟員須作家庭訪視，將經過個別紀錄，可作個案工作之參考，而同時亦可視為社區工作之做法。

㈢新漢堡制：漢堡制與愛爾伯福制，皆因人口繼續增加，賑濟案件過多，使原有的制度漸趨不能適應，因之遂促成所謂：「新漢堡制」（New Hamburg System）於一八九二年產生。其特點，在中央機關更能獨立行使其職權。當其廢除分段制度，最大的不同處，就是發給貧民之賑款是長期的，並將受救濟的人加以分類，以便於有效管理。

總之，德國的「漢堡制」、「愛爾伯福制」，以及「新漢堡制」，由於其所持的精神與做法，較為實際，故為世界若干國家所採行，並為公共扶助與社會安全工作，開創出一個新的里程碑。

三、慈善組織社會

在十九世紀之末，及二十世紀之初，繼英國「伊莉莎白濟貧法」及「德國漢堡制」與「愛爾伯福制」之後，有一種所謂的：「慈善組織會社」，便盛行於歐美。因為當時的英國，一方面由於濟貧法辦理未盡妥善，另一方面又受到工業發展的影響，失業情形嚴重，社會乃開始關心貧民生活，於是各種具有不同目標的慈善組織，紛紛成立，徵募捐款，救濟貧民。但是在這些慈善組織之間，缺乏聯繫協調，步驟不一；且各自為政，相互衝突，以致形成了一片混亂現象。在此種情形下，乃於一八六八年成立一個「理事會」（Board），以協調政府與民間各種慈善的活動。此後又於一八六九年在倫敦正式成立「慈善組織救濟暨抑止行乞會社」（Society For Organizing Charitable Relief and Repressing Mendicity），未幾即易名為：「慈善組織會社」（Charity Organization Society），簡稱 C.O.S。

該會社係接受查墨斯（Thomas Chalmers）的理論，以為個人應對其貧窮負責，而依賴公共救濟，將摧毀其自尊心、進取心、及道德意識，主張貧民應盡其所能，以維持其本人之生活。於是該會社特設詢問部（inquiry department），提供濟貧法監護人，各慈善會社，以及個別之慈善家，搜集有關申請救濟者之資料。此項革新措施，使許多「職業乞丐」（professional Beggars），以及同時向許多救濟機構求助之申請人，暴露其真面目。而且在執行方面，引用德國「愛爾伯福制」之修正本，將倫敦全市劃分為若干區，每區均設有志願委員會（volunteer commission），主持救濟分配工作。但反對擴大公共貧窮救濟，並特別強調以道德勸說，來改變貧民之生活方式，進而鼓勵私人慈善會社之發展，贊助私人對貧民之捐款與遺贈，同時更鼓舞志願工作人員，在災害發生時，激發個人援助貧民家庭。而各區委員會對於所有申請人之家庭環境與社會環境，如住屋、健康、教育及工資等，均要進行個別詳細調查，以為濟貧工作之依據。

此外，值得一提的，該會社自一八六九年在倫敦成立以來，英國及蘇格蘭其他大城市，亦群起仿效，其影響遠達美國。至一八七七年，一位曾到倫敦且對該會社了解頗深的美國牧師哥爾亭（Revernd S.H. Gurteen），他在布法羅（Buffalo）組織一個同樣的會社。當時該會社所定的目標，除救濟貧民外，並力求避免救濟機關間的經費之浪費，及在工作上相互衝突或重複現象，而且強調對個人或家庭之需要予以調查，以保證所提供的經濟救助，是給予那些「值得救濟的貧民」（"Worty" Poor），即最有可能成為自立自助，維持自己生活的申請救濟者；至於那些「不值得救濟的貧民」（"Unworthy" Poor），則被強迫在救濟院或習藝所內改變他們的生活方式。

因此，而發展出七個基本理念，亦即是：⑴機關間的合作（interagency cooper-ation），⑵社區教育（community education）⑶個別化（individualization）⑷適當的

救濟（adequacy of rillief），⑸行乞的抑制（repression of mendicancy）⑹預防性博愛（preventive philanthropy），以及⑺個人服務（personal service）；同時哥爾停並特別強調：不屬於任何宗派主義的政策，為獲得合作的重要因素，此乃美國不同於英國之最具象徵性的原則。

四、睦鄰組織運動

「睦鄰組織運動」（The Settlement Movement），起源於英國維多利亞女皇時代（Victorian England），因當時社會科學研究者與社會工作者，為進行社會問題之實地研究和社會問題之實際解決而發起的一項社會運動。另一原因，是發起人目睹產業革命及法國大革命之結果，雖促進了都市化（urbanization）與工業化（industrialization），但社會上到處仍呈現著生產財富集中，貧民人數增加與貧富懸殊。他們認為應讓社會上一部份受過高等教育階層的人和貧民共同生活，此不僅可使貧富打成一片，實現政治上的平等與民主，並能讓貧民獲得接受教育和享受文化生活之機會；同時更可使知識分子深入貧民區，以促進對貧窮問題之了解與解決。

此一運動，肇始於一八八四年，英國倫敦東部聖猶太教區的牧師巴涅（Samuel

A Barnett）所發起。在此之前，巴氏於英牛津大學畢業後，任東倫敦教區牧師時，即發動當時就讀牛津、劍橋大學之貴族子弟，前往該地為貧民服務，並邀學生同住於該區，與貧民共處，以便實際了解貧民生活情形，謀求改善與解決之道。此時有名叫湯恩比（Arnold Toynbee）者，為牛津大學講師，誓為貧民服務，以宣揚基督之博愛，不幸他於一八八三年即英年早逝，巴氏深為所感，為紀念亡友湯恩比的偉大犧牲精神，並藉此號召知識青年為貧民服務，繼續湯氏之遺志，乃於次年（一八八四年），在倫敦東區建立一個大學社區睦鄰服務中心（A University Settlement），並命名為「湯恩比館」（Toynbee Hall）。

像此類服務貧民體系之一般特點，不外：

㈠是設於貧民區，備有宿舍，所有工作人員與貧民共同生活，其所提出的口號是：「工作者與工作對象相親相愛」。

㈡沒有既定的工作計劃，視貧民實際需要而定。

㈢儘量發動當地人士，培養其自動自發，互助合作之精神，為地方服務。

㈣使各地的睦鄰中心，除能成為當地的服務中心外，並儘量設法將本國及外國文化向當地居民介紹，亦能成為當地的文化中心。

由於湯恩比館之做法、成就與其所表現之精神，較其他任何一項社會運動之推行都迅速與普遍，所以不但成為英國社會改良運動的一種新潮流，同時也成為其他國家的一種社區改良運動。其中尤以美國最為發達，美國第一個社區服務中心，就是一八八六年由柯義特（Stanton Coit）在紐約創立的「睦鄰公所」（The Neighborhood Guild）；最有名者是一八八九年由亞當絲（Jane Addans）在芝加哥所創立的「赫爾館」（Hull House），不但對芝加哥市民生活之改良有所貢獻，且對美國社會安全工作的發展，也有很大的影響。因此，它便成為美國最著名的社會服務中心，而亞當絲本人，也就成為美國最著名的社會安全工作者。

五、社會安全制度

「社會安全制度」（Social Security System），是確保人民在經濟生活上的不虞匱乏，進而創造一個具有現代化的「福利國家」（Welfare State），使每一個人從「搖籃到墳墓」（From the Cradle to the Grave），都能得到全程妥善的照顧，為其最高指導原則。在此一制度建立過程中，具有代表性的幾個國家介紹如下：

㈠**德國**：德國俾斯麥首相（Bis Marck）領導的政府，於一八八三年創設強制

「勞工保險」，實開現代國家實施社會安全制度之先河。產業革命後，世界整個經濟結構為之丕變，於是在社會上，乃形成貧富懸殊的現象，同時在工廠制度下受僱的工人，只有靠低微的工資收入過活，其處境尤為不利。因此，更造成了許多嚴重的社會問題，而罷工事件更是層出不窮。當時各國都企圖以武力嚴厲制裁反動分子的軌外行動，但卻加深了國民對政府的不滿。富有遠大政治眼光的德國首相俾斯麥，乃改變方針，採取溫和手段，以保獲勞工來代替鎮壓的措施，因而始有一八八三年的「疾病保險」，一八八四年的「職業災害保險」，以及一八八九年的「殘廢與老年保險」，並採危險分擔之原則，集合工人、事業主及政府之財力，保障勞動者遇有疾病、傷害、老殘與死亡時，可支領保險給付，以應事故之需要。於是工人情緒便逐漸穩定、生活漸趨改善、社會亦轉趨於安定。因此，社會安全措施，遂應運而生。

㈡**英國**：關於英國的社會與工業秩序問題，經當時擔任工會法及濟貧法委員會委員韋伯夫婦（Webb Sidney and Beatrice），於一九〇九年提出一項有力的報告，倡導社會福利與個人責任並重。其最大的特點，在於「預防的架構」（frame work prevention），強調積極的預防較消極的救濟尤為重要。在政治理論上，是以漸進改革的方法，實踐社會主義的理想，此不僅成為英國工黨釐定政策政綱之指標，且對「福利國家」（Welfare State）理念之形成，亦有很大的貢獻。其後，至一九一一年，為對抗疾病與失業的強制保險，通過了「國民保險法案」（National Insurance Act），一九二五年更進一步制定「寡婦、孤兒及老年補助年金法案」（Widows' Orphans' and Old-Age Contributory Pensions Act），以擴大保險的範圍，並包括老年與死亡項目；至一九三四年另有「失業法案」（Unemploymont Act）。尤其是一九四二年的貝佛里奇報告書（The Beveridge Report），可為一劃時代之社會改革文獻，此對英國現代社會安全制度之建立，更具有極大的貢獻。該報告的主要內涵，共提出了四項重要原則：⑴每個國民均需列為社會保險對象。⑵為避免主要的謀生能力喪失之危險，如疾病、失業、意外傷害、老年、守寡、產婦並包括在一個單獨保險中，⑶採均等費率，不管納費者的所得，一律繳同等費率。⑷也採均等給付，使每個人有相同的權利。像這樣一個滿足國民基本需要之社會保險方案，非僅為英國現代社會安全制度奠定了基礎，且成為其他國家建立社會安全制度之典範。

㈢美國：美國自一九二九年十月因紐約股票交換所破產，所引起的經濟大恐慌（economic depression）之後，其失業人口一直有增無減，因之政府對救濟費的負擔，便日趨嚴重。當時政府仍固守信條，認為救濟事業，應繼續為失業者解決問題。當羅斯福總統（**President Roosvelt**），就任後，立即建立聯邦救助的各項措施，亦即是所謂的「新政」（**New Deal**），其所採取的各項措施，加強了美國民眾需要一個「全國性」的計劃之觀念。而這一觀念的建立，已為美國社會安全制度的發展舖了一條新路，因此，聯邦政府遂採取各項緊急措施，且以大規模的救濟失業者群及其家屬，先後成立各種緊急救濟行政機關，如「聯邦緊急救濟總署」（**Federal Emergency Relief Administration, FERA**），「工程設計署」（**Work Projects Administration, WPA**），「公共工程署」（**Public Works Administration, PWA**），及「全國青年署」（**National Youth Administration, NYA**）等。此舉也改變了美國救濟事業由地方辦理之傳統觀念，並認為此種社會救濟與福利事業，應為政府行政之職責，而以全國人民為對象的辦理普及全國的社會福利行政。所以到了一九三五年，遂制了「社會安全法案」（**Secial Security Act**），於是美國的社會安全便有了永久性的立法與制度。其內容包括三個主要方案：⑴「社會保險方案」。（**a program of social insurance**），包括老年保險制度，失業補償制度。⑵「公共分類救助方案」（**a program of public categorical assistance**），包括老年人、貧苦盲人，及失依兒童為救助對象。

至於永久或完全殘廢者之補助，係一九五〇年增加者。⑶「衛生及福利服務方案」（a program of health and welfare services），則包括婦幼衛生服務、殘廢兒童服務、兒童福利服務、職業重建，以及公共衛生服務等。其最主要業務之管理與監督權，另設「社會安全理事會」（Social Security Board）負責執行。

以上所舉各國社會安全制度之建立的過程與發展，可以說明現代社會已逐漸趨向於重視，並維護民眾福利的進步觀念，而社會安全工作方法中的社會行政，亦遂之嶄露頭角。

六、福利國家思潮

在第二次世界大戰（一九三九年到一九四五年）以後。世界各國為謀求經濟復興，縮短貧富差距，平衡社會財富，乃盡力推展社會安全制度，以保障國民生活安定與幸福；加之，許多政治學家、社會學家、經濟學家均主張「福利國家」（Welfare State）的理論，也肯定了這一觀點的前導性。

所謂福利國家，基本上，是一種社會型式，其特徵為一個民主政府所主辦的社會體系，而且立基於新的觀點。對所有公民集體社會照顧的保證，同時也維持一個資本主義的生產體系。其最顯著的特質，是透過政府的活動，由社區承擔供應生活資源的責任，來確保所有社區成員能夠達到健康，及經濟安全和文明生活的最低標準，使社區成員根據他們的能力來分享社會文化的遺業。其實，福利國家實隱含著民主政治、福利權利、及自由市場經濟概念。換句話說，福利國家的功能，在於全體人民福利的增進，這不僅關係著人民生活的幸福，且關係著整個國家的安全。而社會連帶責任，已由家庭、鄰里、及地方性的機關團體，日益擴大為國家的連帶責任，此即「福利國家」的思潮。所以二十世紀現代化的國家，均以建立「福利國家」為其最高目標。例如：

㈠**英國**：英之貝佛里奇（**William H Beveridge**），建議由國家統籌辦理一項包括各種有關人民生活與社會福利設施之社會安全計畫，使每一個國民自出生至死亡於平時及遭遇意外，皆能獲得生活之保障。至一九四八年七月，共有五種法令，如⑴國民保險法、⑵工業災害保險法、⑶國民健康服務法、⑷兒童家庭補助法、以及⑸國民扶助法等。這五項法令在英國開始生效後，英國遂成為一個實施現代化最完備的全國性社會安全制度的國家，因之其國民從「搖籃到墳墓」，均不虞匱乏。

㈡**美國**：美國在一九三五年制定的社會安全法案，至第二次世界大戰後，經過一九五〇年、一九五一年、及一九五四年多次修訂，使一些符合老年保險、遺族保險、以及失業補償資格的人數，突形增加；同時，於一九六五年又增訂了醫療保險，以代替以往直接支付現金方式供給醫療照顧之服務。另外，在兒童福利服務方面，除一九〇九年白宮會議（Whity House comference）予以重視外，社會安全法案中也確立加強公共兒童福利服務，尤其是鄉村地區的兒童，並批准了訓練及示範計畫，鼓勵日間托顧服務，以照顧和保護那些父母在白天工作無法照顧的孩子們。到了一九六四年，詹森總統（President Lyndon B. Johnson）提出了「大社會」（Great Society）計畫，主張建設一個富足、公正、自由而具有效率、和諧的社會，並以「對貧窮作戰」（War On Poverty）方策，協助貧民促進其經濟機會；其後，經尼克森總統（President Nixon）加以修改，另提出革命性的社會福利改革方案，更促進了社會安全制度的完整性。

㈢日本：在第二次世界大戰結束後，盟軍佔領日本，而盟軍總部與聯合駐日人員，協助日本修訂憲法，並重行修正有關社會安全各種法案，不數年，經完成修訂補充或新增之立法，計有「兒童福祉法」（一九四七年）、「失業保險法」（一九四七年）、「農業保險法」（一九四七年）、「生活保護法」（一九五〇年）、

「身體障礙者福祉法」（一九五一年）、「社會福祉事業法」（一九五一年）、以及「國民健康保險法」（一九五三年）等八十幾種，堪稱戰後東亞各國所建立最完備的社會安全制度。

陸、我國社會安全工作的演進

我國的社會安全工作，亦源於早期的救濟事業，但多以臨時性的救荒為主。因為我國是以農立國，數千年來，由於科學未臻發達，對於控制自然力量非常薄弱，故歷代水旱災饉頻仍，政府與民間經常因忙於救災，以致對平時的濟貧及其他社會福利事業所做不多。

雖然，我國的社會安全工作發展較為遲緩，但我國歷代的政治思想，對於人民的地位及福利均極表重現，並認為養民、利民、為民眾謀最大的幸福，就是政治的目的。而當時對於社會安全工作的規劃最完整者，首推孔子的「大同社會」理想。因此，本節即從此一富有崇高理想的藍圖說起。

一、大同社會

政治的崇高理想，在中國是以「均無貧，和無寡，安無傾」的大同社會為鵠的，即以每一分子盡其一己之力而不為己，來達到經濟、政治、社會的充分發展與高度和諧為理想境界。但在私有財產未作合理安排之前，如沒有代替的制度，必然會發生狡詐者侵佔，強橫者欺凌弱小的混亂局面，所以只好退而求其次，要求每人盡分守責，明權利義務，從家給戶足來求「小康」，然後再進而希望循「小康」邁向「大同」。

孔子（西元前五五一～西元前四七九年）生當春秋末期諸侯大國侵併弱小諸侯小國之亂世，他認為人既不是互相鬥爭，也不是依賴神明的信仰維生，而是要由互信與鄉親相助的結合來維持生存，於是乃有其「大同社會」的政治理想。而此一政治理想，分為「小康」與「大同」兩個階段，即是由小康邁向大同的理想境界。而禮記禮運「大同篇」，便載有孔子所提出的「大同社會」之崇高理想藍圖。即：「大道之行也，天下為公……」，全文雖僅有一百零七字，但已將其政治理想描繪得淋漓盡致，而且已成為我國社會安全制度的最高準繩，近世西方各民主國家的福利體制，亦未能超越其範疇者。其中如：「老有所終，壯有所用，幼有所長，矜寡孤獨廢疾者皆有所養」的規劃，對我國的社會福利措施，尤有著深遠的影響。此不僅為我國古代社會福利思想的代表，同時也是我國現代所實施的主要福利措施，足見大同社會的理想之卓越與社會安全工作的構想之完整性。

二、保息六政

我國古代的濟貧制度，至周代已漸趨完備。社會是以家族為本位，表現於政治上的也就是家族的倫理，國家被視為一個大家庭，君主儼若一位大家長。太平盛世多倡導仁政，視人民如子弟，甚至稱地方官為「父母官」。平時注重保息養民，荒年則行仁政以救民於水火之中。

根據周禮所載大司徒以保息六養萬民之策，即：一曰慈幼，二曰養老，三曰振窮，四曰恤貧，五曰寬疾，六曰安富。以今日觀之，即係由重視兒童福利、老人福利、社會救助、就業服務、醫療保健，以及社會安全等設施，而達到經濟與社會均衡發展的目的。

三、九惠之教

在我國古代，對於福利思想與福利措施的記載，除禮記禮運大同篇與周禮而外，應首推管子一書，其中具有福利思想與福利措施者，厥為「九惠之教」。

管子以為，居上為政，應以安定社會為首要任務；有識之君，於臨民之初，即應發政施仁。所以管子入國篇即載有：「入國四旬五，行九惠之教，一曰老老，二曰慈幼，三曰恤孤，四曰養疾，五曰合獨，六曰問疾，七曰通窮，八曰振困，九曰接絕」。換句話說，亦即今日之老人福利、兒童福利、社會救助、醫療服務、婚姻諮詢，健康服務、小本貸款（或創業服務）、就業服務、及義親奉祀（此為政府激勵人民對國家之忠勤，凡為公務，為公戰捐軀而無子嗣奉祀者，由政府撥款與其親族或故舊，供祭祀之用）等之具體保障人民生活設施。

四、社倉制度

周禮的「委積」，是屬倉儲政策之起源，亦倉庫制度之芻型。周代縣郡皆行此政，以待凶荒。漢設「平常倉」，隋唐並有「義倉」及「社倉」，至宋代規模乃具。朱熹訂「社倉法」，由人民自行組織，由政府督導辦理類似農貸合作社的救助設施，是由各地人民捐集米穀，或由政府貸給米糧，就各鄉設倉儲存，遇有荒年或青黃不接之時，用以救濟鄰里貧戶，倉務管理由社倉參加人或設立者自行負責。其優點是，鄉皆有倉，倉皆有穀，鄉民就近借還，無遠涉之苦，規劃至為詳盡，既無偏頗，又可免胥吏侵吞之患。其缺點則為負責管理人員難求，官不稽查，則難信而滋弊；如官為稽查，又拘於官法而民不獲其實，況良善者每多懼而不肯充任，充任者又多非良善可信之人，是以良法善政，每多成效不彰。

按以上各倉，皆是歷代政府與人民用來平糶，借貸或散發糧食以濟貧與救荒的經常設施。平常倉係政府所設，藉以調濟人民平均糧價，義倉與社倉則為荒年救濟貧民之政。民國以後，全國各縣鄉設「積穀倉」，以備不時之需，亦淵源於此。

五、鄉約組織

鄉約制度，是我國古代鄰里組織的創舉，亦可視為現代社區發展的典範。

所謂「鄉約」，即同住在鄰近地區的人，共同遵守的一種規約。此種組織，始於北宋的「呂氏鄉約」，為宋代藍田呂大鈞及其兄弟，鄰里親友所發起。其規章以書面規定，凡加入此一組織者，分德業相勵、過失相規、禮俗相交、患難相恤等四大項，其組織推有齒德者一人為都約正，有學行者二人副之。約中規定月輪一人為值月；另置三籍，凡願入約者，德業可勵者，過失可規者，各分別書於一籍，由值夜掌之，月終則以告之月正，而授於其次。後經南宋朱熹加以增損，推行全國，由鄉里民眾自訂規章，作為政府律令之輔助，此雖無民主之名，但有民主之實。見之今日，應可作為社區研擬公約之參考。

明朝王陽明先生，亦訂有「南贛鄉約」，以移風易俗，嘉善懲惡而傳世，其內容舉凡組織、場地、人選、任務、及程序莫不具備，這種雙管齊下的做法，較之今日只重視好人好事之獎勵更勝一籌。

六、鄉村建設

民國以後，由於一些知識分子報國有心，乃強調知識下鄉、民眾自覺，從經濟、政治、教育、及文化來建設鄉村。惟當時彼等的觀點不一，有認為都市職業的聯繫，不如住所地域的鄉里來得密切，亦有認為抄襲西方制度，不如從恢復民族文化，增進民族自信心來得有效。其見之實際行動者，像民國十三年宴陽初等，在河北定縣所推行的平民教育，即是以經濟、文化、政治、衛生四項綜合的教育方案，致力於希望將當時農村的貧、愚、私、弱四項病症，轉為富、智、公、強。民國十六年，有陶知行等創辦的南京鄉村師範學校，以及後來的江蘇寶山師範學校等，均主張以學校為中心，改造鄉村社區。民國十八年，更有梁漱溟等所創作的河南村治學院及以後的東山鄒平實驗區等，皆以復興中華文化，恢復民族自信心，重視農民教育，並以鄉村自救運動，引發社會變遷。此外，清河實驗、山西村治、浦東公社、及贛南建設等，亦均為社會安全工作方式之一，且均以改造鄉村社區，導引社會變遷為目標，與世界各國以社區發展為手段，導引社區變遷為目標的作法，如出一轍。因此，如果我們把中國古代的社區服務事業，及近代的鄉村建設運動，視為現代社區發展的起源之一，當非無據之說。

七、社會政策

我國的社會政策，經透過社會立法之創制，至民國二十九年，社會部成立後，加以多次修正與增訂，始漸臻完備。如我國憲法第十三章，「基本國策」第四節所列之「社會安全」六條，即我國社會政策之基本精神。此外，在執政黨歷次大會通過並付諸實施的有關社會政策中，以民國三十四年的「四大社會政策綱領」、民國五十四年的「民生主義現階段社會政策」、民國五十八年的「現階段社會建設綱領」，以及「現階段加強國民就業輔導工作綱領」等四者最為重要。其中以民生主義現階段社會政策最為積極而完備，可以說是我國當前社會安全立法及行政的基本依據。其中實施的項目計有社會保險、國民就業，社會救助、國民住宅、福利服務、社會教育、及社區發展等七大項，並規定各項措施，為求迅著成效，必須妥籌財源，更應訂定獎勵辦法，鼓勵私人捐資興辦福利事業。在所需人才方面，則應儘量任用各大學有關社會工作學系畢業生，對現有工作人員，亦當隨時舉辦在職訓練，增加其專業知識，改進工作方法。

至於社會立法部份，則分為人民團體立法、勞工立法、合作事業立法、社會救濟立法、社會福利立法、社會保險立法與就業安全立法等，已逐漸形成了一套現代的社會安全制度。

柒、未來的展望

晚近以來，一般人只要一提到「社會福利」（Social Welfare），或「社會安全制度」（Social Security System），其直接的反應，總以為這是來自西方資本主義國家的產物。殊不知我國早在兩千多年以前的先秦時代，即已於禮記禮運篇中，具體的提出了「大同社會」之崇高理想藍圖。而且此一關係著全民福祉的完美構想，就連現代歐美所強調的「福利國家」（Welfar State），亦未有超出其範疇者。不過，它只是中國社會安全制度的一個架構，或者說是一個綱目而已。

因為，中國在那個時候，只是一個歷史悠久的文化古國，純樸而良善的人民，長期過著典型的農業社會的勤儉生活，一向是維持著自給自足的平衡狀態，對於社會福利的需求，根本就不知道這是國民應享的一種權利。而有關於社會安全的理念，雖自帝堯之時，即以：「存心於天下，加志於窮民。痛萬民之罹罪，憂眾生之不遂也」之仁政思想揭其濫觴，惟其後因受到長期農業社會過於保守之影響，其間經過了近三千年的變遷，仍未能形成一套完整的社會安全實施方案，就連一貫性的社會福利政策，亦未作有系統之規劃。迨辛亥武昌革命起義，一舉推翻了滿清專制王朝，建立民國之後，為避免重蹈歐美貧富懸殊而發生社會革命之覆轍， 國父孫中山先生則相繼提出了「平均地權」與「節制資本」，以為實施其「民生主義」的兩大辦法，於是一個「既均且富」的安和樂利社會，則隱然在望。

由於我國社會安全思想淵源甚早，但進入目的意識時代真正提出具有一慣性的基本政策，而又能付諸實施者，已經是民國三十年代以後的事了。在此期間，有兩種重要法案先後制定頒布施行，即：一為「四大社政綱領」，另一則是「中華民國憲法」第十三章第四節「社會安全」條文。可是至目前為止，關於社會安全制度之規劃與建立，由於其涉及立法寬嚴之原則難以拿捏，故迄今尚在初步試行階段，並未作最後的定位。而同時為避免重蹈歐美過分福利所帶來的後遺症之覆轍，必須針對我國當前各項社會安全設施推行的實際狀況，從政策及制度等各個層面先行加以檢討與評估，然後再參酌西方各個福利國家長期發展所累積的經驗，就其利弊得失作客觀的剖析，或可有助於我國社會安全之建制，而找尋到一個切合中國需要的可行方案。

一、調整我國現行社安設施之不當架構

我國現代的社會安全設施，是隨著民國四十年代開始進行「經濟建設計畫」逐步推展。最先是由社會救助肇其端，其次是社會保險及職工福利等相繼舉辦，直至

民國五十年代之際，由於世界潮流所趨，特定制「民生主義現階段社會政策」及「現階段社會建設綱領」作為準則，於是在廣泛推行各項福利措施之同時，而也積極規劃建制工作。到了民國六十年代時，為因應由經濟發展所導致的社會急速變遷與需要，乃分別訂頒「兒童福利法」、「老人福利法」、「殘障福利法」、「社會救助法」，以及「國民住宅條例」等多種社會福利法案。其後於民國七十年代期間，則又頒行「勞動基準法」、「職業訓練法」、「衛生保健法」，及「少年福利法」等，使我國社會安全制度不僅有了一個完整的芻型，而且也逐漸朝向法制化的階段推進。照理應有相當的成就表現，但此際因受到歐美過分福利創痛的不良影響，致延宕推進速度與步伐，故又頻添了我國邁向全民福利即達成現代「福利國家」不少阻力。

此外，亦有人認為：社會安全是一項高投資低效益的長期社會事業，對於各個階段的政策與立法，以及其實施的效果，應有一套評估作業體系的設計，從其執行的過程中作不同的角度之預測與評斷，以為後續發展計畫指標。其間投入（Input）的成本，及運作時持續發展或調整產業（Output）的效益與回饋，透過嚴密的流程加以控制及紀錄分析，藉以達到數據化的量度，將是建立我國社會安全制度所不可或缺的一環。但我國在此一方面，由於所作努力不夠，乃產生了許多缺失，尤其在福利設施上的一些不當架構，均須加以調整與補救。

一個福利國家，其制度的體系是形成整個政策的重心，並影響其福利範疇與社會立法。我國當前社會安全政策，係以憲法之基本國策之社會安全章作為施政方針，對於全國人民必須做到：(1)維護其生存權，以滿足其最低之生活水準。(2)保障其工作權，以促進有能力者之充分就業。(3)尊重其分配權，以達成均富政策之徹底實現。(4)提高其生活素質，以建設安和樂利之大同社會。其次，是以「社會福利政策綱領」為指導原則，實施就業安全、社會保險、福利服務、國民住宅、醫療保健及社區發展等項目，據以立法頒布執行，俾能逐步建立我國社會安全體制，以達到福利國家之要求。

二、記取歐美過分社安政策之錯誤殷鑑

西方社會安全制度的建立，是經由研究與發展（Reserch and Development）而來。早期是從歷史觀點已證實既有理論分析社會結構所產生的不穩定情境，需要以社會福利謀求解決者。其主要的學者有孔德（Auguste Comte）、斯賓塞（H. Spencer）、涂爾幹（Durkheim），及麥斯韋伯（Max Weber）等人。像英國在一六〇一年頒布「濟貧法」，用以解決貧窮的社會問題。至十九世紀中葉，便以社會道德為出發點，經由簡單的社會調查揭露社會問題的嚴重性，乃透過社會救濟或慈善事業措施求其解決。

迨一九四〇年以後，英國大主教威廉鄧普（Archbishop William）著「公民與教徒」（Citizen and Churchman）時，則使用「福利國家」（Welfare State）一詞，而皮古（Auther Pigon）及霍伯森（John Hobson）在福利經濟學中亦用「福利國家」之名稱；此時的派深思（T. Parsons）卻又把「福利國家」納入社會學的研究領域中，後來再經笛姆斯（Richard H. Timuss）及馬歇爾（T.H. Marshall）等社會安全大師的闡揚，使社會安全已成為一種專門的學術研究。因之在歐美各民主國家中，最明顯的有德國俾斯麥（Bismarck）的「社會保險政策」（Social Insurance Policy），英國的「社會安全制度」（Social Security System），以及美國詹森（Johnson）總統對貧窮作戰的「大社會」（Great Society）方案等，都是社會安全的重要決策，並以社會立法作為解決社會問題的憑藉。

可是，由於經費支出過分膨脹，已達到令人難以承受的程度。根據統計顯示，自一九七〇年代開始，在西方即有許多國家社會安全費用，平均約為國內生產毛額的一九・三％，至一九八一年，平均提高到二八・五％。

社會安全經費是由政府財政支出，而政府財政則來自稅收，支出越多，人民的稅負也越重。尤其是到了一九八七年以後，英國則提高四三・四％，法國提高為四六・一％，義大利提高為三八・七％，荷蘭提高為五五・九％，西德提高為四四・六％，丹麥提高為五一・二％。由是以觀，則不難想見為支付龐大的費用所加諸於國民稅負是多麼沉重。

正因為社會安全支出不斷增加，乃造成歐美各先進福利國家在財政上的困擾，其原因固不止一端，但主要者不外：㈠是失業救濟所導致惡性循環。㈡是高齡人口逐漸增加的結果。㈢是免費醫療制度過分的浪費。

於是，近年來一般有識之士，對於以往過分的福利發展，均主張應予加以限制。例如英國前首相柴契爾夫人曾一再提出呼籲，在現行社會安全政策下的給付太過於寬厚，業已逐漸損壞到國家的根基，應儘速研究改善。法國密特朗的社會主義政府，已強制縮減其社會安全計畫。而荷蘭並已決定削減所有的社會安全給付，其中並包括失業給付在內，其幅度約為全部給付額的百分之十到百分十五。這是歐美各福利國家不得已所採取的抑制措施，在執行時雖遭遇到強烈的抗議，但亦是無可奈何之事。

而我國現行的社會安全措施，正在逐步加強與建立體制階段，比之歐美各國的過分社安政策，尚有一段距離，並未發生因支出增多而加重人民稅賦至不堪負荷的程度，自不宜將成長中的社會安全制度過早抑制。

三、開創大同共享社安體系之無我境界

事實是不容否認，國父孫中山先生的思想與學說，尤其是他對於開創大同共享的福利社會，非僅是繼我大成至聖先師孔子而後的中國新文化，而且亦為世界人類所一致努力追求的終極目標；惟有開創博愛與共享的無我境界，才是符合人性化的一條通向世界大同之路。

至於進行的方法，則是以「社會保險」穩定國民收入及經濟安全，而使之不虞匱乏；以「公共救助」（亦稱社會救助或國民扶助）照顧一般處於不利之弱勢特定人口，使其能以過著國民正常生活；以「福利服務」達到老有所終、壯有所用、幼有所長，及矜寡孤獨廢疾者皆所養之三大範疇，並透過「社區發展」結合民間機構

組織力量及社會深厚資源，貢獻出人性至高無上的愛心，俾政府與民間共同努力，以促進福利國家之大同社會及早實現。其方法：

子、以和平爲基礎：根據人類歷史的發展，可以證明中國文化已成為時代思潮的主流，故其社會福利思想體系，自亦有其獨創的架構、目標與特色。孫中山先生對此處所說的「大同」一詞之詮釋，是一種無國境、無戰爭，而人人都享有平等的政治和經濟權利的共享世界；此亦即孔子在禮記禮運篇中所描繪的大同社會之理想情景。

中國文化是以「仁」為中心，故其民族精神就是以和平為出發點，從而進一步實行濟弱扶傾之道，實現世界各民族獨立自主，自可維持世界普遍而永久的和平。國與國之間，「講信修睦」，發揮國際公理與正義，即能阻止戰爭的發生，而進入各民族國家主權平等的大同世界。而在這個世界裡，是故「謀閉而不興，盜竊亂賊而不作」，這不就是「天下為公」的和平景象嗎。

丑、以互助爲原則：禮運大同篇既有：「故人不獨親其親，不獨子其子，使老有所終，壯有所用，幼有所長，矜寡孤獨廢疾者皆有所養；男有分，女有歸」之云者，這是一個最理想的大同社會安全制度。而孫中山先生以為這種大同世界，是人類本於互助之原則進化而成。他說：「人類自文明以後，則天性所趨，已莫之為而為，莫之致而致，向於互助之原則，以求達到人類進化之目的矣。人類進化之目的為何？即孔子所謂『大道之行也，天下為公』；與耶穌所謂『爾旨得成，在地若天』，此人類所希望，化現在之痛苦世界，而為極樂之天堂是也」。人類進化到這種境界，只有相愛互助，沒有彼爭我奪。如此，「則人人不獨親其親，不獨子其子，是為大同，即所謂『天下為公』；使老者有所養，壯者有所用，幼者有所教。孔子之理想世界真能實現，然後不見可欲，甲兵亦可以不用矣」。人類因能博愛互助，當可和諧共處，這自然就是一個「各盡所能」、「各取所需」，及「各得其所」、「各遂其生」的大同世界。

寅、以漸進為步驟：「大同社會」，或「世界大同」，是孫中山先生的終極理想，但此一崇高的境界，並非一蹴可幾。然在進行的步驟上，必須先經過「小康」的階段，而後方能進於「大同」領域。從上述中山先生的觀點中，可知他是以漸進方式作為實行的步驟，而且是從個人、而國家、而世界，逐層向前推展，自可進一步實現禮運的大同社會，以保障世界人類永久的自由、和平與福祉。

設若人類社會能夠達到這種大同境界，則過分福利的弊端自可避免，而安和、樂利與共享的社會安全體系之大我境界，可當由此而實現。

總之，如能充分掌握國內與國際社會發展的脈動，當不難塑造一個具有中國特色的社會安全制度之新典範。

後記：本文所採用的參考有關資料

一、本人所著「中國社會福利思想與制度」一書有關章節。

二、徐震和林萬億合著「當代社會工作」一書有關論點。

第三篇　是見證性的

主題：社會安全思潮之歷史發展

「社會安全」（Social Security）一詞，是由救濟事業演化而來。這對人類社會已構成一項崇高願景與普世價值的共同理念。換句話說，當此一理念化為政策予以實施後，即可讓一個國家全體人民都能享有他在經濟上不虞匱乏的權利。

壹、社會安全之基本原理

其內涵為何？簡言之，它是利用人類潛能與社會資源，去幫助個人（弱勢人口）或團體以及社區，解決他們面臨的遭遇所衍生的各種問題。

一、社會安全工作的特定任務

近代以來，由於世界各民主國家對於社會安全工作逐漸重視，並為求步調一致，乃認定：社會安全工作是一項特定的基本任務。其目的在協調個人、家庭與團體之間相互的社會關係，經由其藉重人力、物力，以及人與人之間的關係之呼籲，以促進人性尊嚴和個人的責任感，所規劃出來的一種特定的基本工作。

因為，今日世界人類財富的累積，是史無前的豐足。但相反的，仍有很多國家和地區充滿貧窮與無知；一方面由於人類渴望自由，追求民主，一方面卻又是處處受到傳統束縛與制度控制，像這種匱乏的壓迫，思想的困惑，與價值觀念的矛盾，在古代是委之於天命，順其自然，在近代則因觀念改變，已有所不同。倘能進一步作深入探討，不難發現人類的慾望不只一種，然究其終極，則以求新、求安、求同情、求讚譽與求互助為其基本企盼。於是乃有食衣住行育樂之需要，以及生老病死苦難問題之產生。然而以何種方式為之解決？根據有關文獻記載，不外從個人的惻隱，宗教的慈愛，社會的救助，到國家匡扶以濟之。那時，雖未以社會福利或社會安全工作相稱，但其意義頗為相似。

至於在國際上的一般看法，則應溯自一九五〇年的聯合國國際社會工作調查報告所言有三：一是個人的慈善行為，一是公私機構協助不幸者解決困難，一是由社會安全工作人員協助當事人發揮潛能，改善其生活的專業服務。其深度雖有所不同，如以其功能發揮來說，就是從消極的解決問題，到積極的增進幸福。

但到了一九六〇年，經過西方專家們多次研商結果，已有接近的趨向，大家都同意：「社會安全工作是運用個人潛能與社會資源，以協助個人調適環境的一種特定工作」。就是由於這樣的特性，所以才使各國的社會安全工作，在其專業理論，實務方法，人才運用，以及功能的發揮上，一方面因文化背景，經濟狀況，與人才素質所造成的差異，一方面又因透過各種國際會議與專業團體的溝通，而使其基本觀念，方法運用，項目範圍，與專業標準，益加顯得多釆與精實。

最值得稱許的，就是一九七〇年，第十五屆國際社會福利會議在菲律賓召開時，與會者皆對社會安全工作的意義，又有了近一步的發展。當經決議：「社會安全工作，不是私人的慈善救助，也不是教區的同情施捨，而應是國家的慷慨大度措施，不使受救助者蒙受羞辱，更應拒絕和否定適者生存的殘酷論調，並確認自由、平等、博愛，才是人類希望的願景」。

二、社會安全工作的時代背景

社會安全工作產生的背景，是經由惻隱與互助觀念，而演繹為人道精神所使然。其越來越受到社會重視，越來越為時代所需要者，無疑乃是它對於社會變遷下的生活適應，已表現出特有的平衡功能。此不僅可以滿足人類的基本需要，同時也照顧到個人與家庭在生命循環中所發生的若干危機。析言之，不外下列三大原因。

其一、人類需求與基本願望：人生而有欲，是人類社會的一種自然現象。人類為了求生存、求發展，更要求生活幸福。這些願望，除靠自己去追求外，社會安全制度也是其中的一大助力。可是人類的需求，是無止境的，政府與社會無法使其絕對的滿足，而只能對其基本需求與發展，給予儘量的支持。至於人類基本需求究竟是什麼？如從價值理念去歸納，應有心理的與社會的不同觀點：

以心理學的觀點，約有以下五個基本需求層次：1.安全的需求。2.情愛的需求，應包括歸屬感的需求。3.生理的需求。4.自尊的需求。5.自我實現的需求。

因為人類的需求與其滿足感，是有層次性的，最低層次的需求也最迫切。當低層次的需求滿足後，較高層次的需求，才會逐漸向上提升。須知人類需求的滿足與社會發展的層次有相當關係，通常在經濟、政治、文化發展較慢的社會，低層次的基本需求則更加迫切。但這並不表示在這種社會中的個人，不應有或不宜有較高層次的需求，而是還沒有產生這種較高層次的慾望。

以社會學的觀點，約有下列四個基本願望：1.新經驗的願望。2.安全性的願望。3.受讚譽的願望。4.求反應的願望。如就其內涵而言，像這四種基本願望，比較偏重在社會生活中社會關係的層面，這也可以說，以重視「社會需求」（Social needs）用來作為他的滿足感。

其二、生命循環與社會安全：個人和家庭，從出生到死亡，可以區分為若干發展階段，在每一個階段中，又有著不同的生理、心理與社會互動的職責。但由於個人的獨特性與社會的共通性相互影響，於是就有了不同階段的需求與危機產生。然而如何去解決這些問題，維持社會秩序？那就要仰賴於外在的支持體系予以配合，方能發揮平衡功能。

所謂「生命循環」（Life Cycle），是由著名的社會學家西柏齡（Siprin 1968）和梅約（Meyer 1976），分別以艾力克森（Erikson 1968）的《生命循環》理論加以分析，所標示出來的個人與家庭在生命循環中各個不同階段的需求、問題，與危機，然後則以「社會福利」（Social welfare），或「社會救助」（Social Assistance），給予支持、協助與解決。這就是「社會安全」（Social Security）工作的一部份。

其三、社會變遷與社會問題：所謂社會問題，首先必須有些既已發生的客觀現象作為其基本要件，然後由學者或專家們，對於這些現象加以主觀道德認定與界說，經取得社會上大多數人的共識，才能成為真正的「社會問題」。

我們知道社會問題的成因是多元的，但至第二次世界大戰後，不外乎兩個層面，一為社會（關係）的結構及使用工具的類型；另一是社會基本理念、規範和價值認知的內涵，有所改變。依照一般對社會問題的分類，通常分為社會解組與行為偏差兩大類，不管是哪一類的社會問題，它都具有兩種不同的型態，一是因條件的惡化而產生，如工業化及都市化帶來的環境污染，另一是因社會標準的改變或提高所引起，例如貧窮、勞工、女權、老人、青少年、兒童，或身心障礙者，以及教育等等。

像這樣的結構與特質，再加上人類歷史的價值與理念的潮流所影響，便出現了所謂世俗的「理性主義」（**Seculaer ratiomalism**）和「人道主義」（Humani Sm），喚醒了人們注意到更多問題與更多人對更多社會問題的關懷。

因為，當前整個世界的人類，都面臨著這個相同的社會變遷問題。於是在政治上、社會上、經濟上、宗教上、觀念上，乃至工作的技術上，也都產生了迅速的變化，迫使個人或團體完全失去了控制這些變遷的適應能力。所以在工業化與都市化比較快速的國家裡，因受到現代交通工具與大眾傳播輸入外來思想的影響，而減少了當地傳統價值觀念與風俗習慣的能量，遂引起文化休克，社會疏離不安。要解決這個問題，惟有調整社會體系，以加強其組織化與專業化的功能為導向，才能滿足人類基本需求。

三、社會安全工作的主要範疇

至於社會安全工作的範疇，當然，並非無所不包，但也不能只限於一隅。而現代社會安全工作的基本理念，是要建立在人道主義與民主思想的基礎上。而確信人類尊嚴與其人文價值觀，除尊重個別差異外，並願承擔義務與追求人類社會的正義和公理。

具體的說，就是尊重個體與愛護群體。前者是關心求助者的需求，如對其挫折、驚恐，予之以安慰；對其失望、悲傷、病痛，助之以診斷；對其貧窮、不幸，輔之以希望。至於後者，是廣泛尊重個體的積極意義，此即是說，其在群體中，不容許有種族、宗教、黨派的差異，讓每一個體都能享受到平等、自立，使個體與群體能得到均衡發展。

但是，由於社會安全工作的涵義，有廣義與狹義之分，消極與積極之別，不能以同等看待。根據一九五九年聯合國出版的「社會服務計畫發展」所列各點，則包括1.家庭服務。2.兒童服務。3.貧窮救濟。4.合作事業。5.生理衛生。6.傷殘重建。7.社區發展。8.青年輔導。9.醫療服務。及10.就業輔導等。

至於我國的社會安全工作分類，是以方法為目的之劃分法列述。因為社會安全工作的發展，是先後連貫的，在對象上是對個人、對群體，或對一個特定區域內的全體相兼容的工作。所以關於研究建立我國社會安全工作專業體系，過去曾經內政部社會司多次約請國內專家及學者們集會研商的結果，咸認：為配合世界潮流與適應我國實際需要，並為求明確具體，採綜合式的劃分為宜。換句話說，凡以社會安全工作專業方法從事下列各項服務工作者，均為社會安全工作範疇。

例如：兒童服務、青少年服務、成年服務、老人服務、身心障者服務、家庭服務、公共服務、特殊服務、醫療服務、社會教育服務、工廠服務、農村服務、心理服務、休假服務、重健服務、就業服務、志願服務，以及社工教育或訓練服務等十八種。

綜合以上所列各點，我們可以了解社會安全工作分類，除為因應國際潮流外，但更重要的是要因應它的個別性。這就是說，凡是一個國家或一個地區，有什麼樣的社會問題與需要，就以什麼樣的社會安全工作來服務、來改善。其廣狹之分　緩急之道，本末之別，近在其中矣。

貳、社會安全之應用科學

社會安全工作，是一門應用科學，它的實施理論，是以社會科學與行為科學為其基本依據。它不僅擁有一套科學性的專業方法，而且還具有濃厚的哲學取向。此外，並包括思想淵源，社會哲學，與價值體系等各種不同的義涵。

一、社會安全工作的發展要領

首先，我們要了解的是，社會安全一詞與其專業技術，雖係來自西方，但各國在此一方面的發展，因受到各自文化與其社會變遷的影響，其源頭間或有所不同。茲就其要領，分別列述於後。

㈠**我國的救荒濟貧：**我國社會安全工作的思想源頭，是自唐堯以「存心於先古，加志於窮民」的「萬世救荒」政策，開其先河。其後，乃以「禮記禮運篇」的大同社會安全體系之崇高理想藍圖，作為其實施的標竿。其中包括儒家的大同思想，道家的無為思想，墨家的兼愛思想，法家的實利思想，以及佛教的慈愛思想之佈施、福田、無盡、慈悲、放生，及報恩等。

關於此一部份，因受到篇幅所限，無法詳為解說，如想深入了解，請參閱本人所著：「中國社會福利思想與制度」一書有關章節。

㈡歐美的幸福共享：在西方世界裡，自古希臘、古羅馬的西伯來時期，就有了社會安全工作的思想。像古希臘的「幸福論」（Eudemonism），即認為這是經與別人共享得來的。因之，富者要深覺愉快，必須獲得別人的讚美，甚至想藉此進一步提供一些財富給予貧者。

所以古羅馬時代，更強調「責任感」（Responsibility），認為富者應為貧者解決痛苦，是宗教上的一個重要任務。為使受賑者不失其尊嚴，富者也才能因施賑而顯得更加尊貴，這不就是幸福共享嗎？

㈢耶穌的救世精神：耶穌為基督教的創始者，他承襲了希伯來以「神愛世人」的宗教思想，而發為「博愛救世」的基督教義精神。除了以「助人」與「利他」作為其身體力行的服務風範之外。同時他並不主張以物質誘人向善，而是以救世精神，使世人能夠昇入天國，為其最高精神指標。

但事實上，現代的社會安全工作，不僅要滿足一般人在生理上的需求，更要讓受惠者享有心理健康與身心平衡的美感，此與基督的慈善補償，以及其博愛救人救世的精神，頗為相似。

㈣人道的價值理念：自古以來，所有社會安全工作者，都以人道主義自居。此種印象，其中所隱含的意義為何？我們不難從許多對人道的詮釋裡獲得答案。

所謂人道，就是待人接物的道理，同時也是人類追求真善美，而發揚人性的一種價值理念。雖然人道主義，是由中古時代的歐洲從研究拉丁及希臘文化中獲得的啟示，促成了文藝復興運動，並極力主張尊重人性尊嚴與個人價值，但亦與上述我國諸子及宗教家的「行仁」、「兼愛」、「慈愛」、「博愛」等救世思想並無二致，尤其是當西風東漸之後，人道主義更是世界人類所風靡的一項救世經典。

二、社會安全工作的哲思理念

一般所謂的「哲學」（Philosophy），只是一組信念、態度、理想、抱負、目標、價值、規範、理論，或原則。它能使我們了解並賦予存在與實體之組合建構關係，同時也能讓我們了解「我自己」、「我們」所生存的世界，以及我們的歷史發展所具有的意義。

如就其「專業哲學」（Professional Philosophy）而言，則是指賦予我們的工作意義，提供我們對現實的描述與測量。而這種工作意義的描述與測量模型標準，則稱之為規範、法則、道德、倫理，或原則。若將這種概念納入社會安全之中，那就是所謂的專業哲學。但是，一種超越種族、社會、文化的哲學觀念，卻也會影響到社會安全工作的實施與表現。

從以上人類基本生活哲理的探討中，不難看出社會安全工作的影子。但最相關的，應為道德，尤其是「社會哲學」（Social Philosophy）。此外，宗教也是影響人類生活很大的一部份。

因此，一個社會安全工作者，常被塑造成一位良善的實行家。他之所以能提供慈愛服務，激發社區道德力量，就是以社會哲學為基礎，所建構出來的一種專業服務方法。由此可知，社會安全工作，其所以需要依據哲學理念，與科學方法作為其服務的準則，是因為它服務的對象是人，而且由這些個體組成的社會漸趨複雜化，更需要依賴理念、態度、理想與感受等提供的知識，來處理動態社會各種允諾的事項。

若就其學術領域來看，社會安全工作，雖不是哲學，但它需要以哲學理念為基礎，去導引人類思潮的趨向；雖也不是科學，但它需要以科學的專業知識與方法，去解決世人所面臨的各種苦難問題。所以說，社會安全工作，是一門藝術，而且是一門道道地地的多面向為人類社會創造幸福共享的藝術。

由是以觀，我們知道在社會安全工作上，雖然有很多知識來自哲學理念，或科學方法，但社會安全工作在運用這些哲理性，或科學性的知識時，必須了解其藝術性超越技術性，這也就是說，一個社會安全工作者，或者說一位有思想、有遠見的社會安全工作專家，就不能只在哲學或科學領域中求滿足，而必須將這門涵蓋著哲學與科學知識的綜合藝術，能夠完全用在人類社會的需要上。

三、社會安全工作的價值體系

什麼叫作「價值」（Value）？簡單的解釋，就是對事務或人類特質的偏好與讚許。一種期待中的世界觀，與人類行為的常態模式，以及對欲求與情境的態度等均屬之。

但任何一種價值，通常總是相對於客觀存在的世界或他人。所以在我們處理事務的態度上，經常是積極地表達給一些有價值的人或物。這種期待的關係，可以明顯的判別出為一個較穩定的取向、或稱之為一個人的價值取向，或一個專業的價值取向。但是，這種價值取向，往往會受到不同文化和不同社會中次文化的影響，而有所變化。

舉例說，像「社會規模」（Social Morm），就是價值制度化的一種最好的表現。若價值與規模形成內化，也就成為個人的參考架構，作為引導個體與群體建立不同的社會關係。此對我們個人的人格組織有著甚大的意義；同時也會激起我們選擇行為模型，與生活目標和方式，來決定什麼是最佳的均衡狀態。

因之，社會安全工作實施的原理原則，將受到社會安全工作價值體系的影響。而這套價值，主要來自社會安全工作的承諾，以及其對社會的偏好，所以社會安全工作的專業價值體系，也就由此形成。

可是價值，通常又可分成幾個層次去看。首先，是「終極價值或抽象價值」（Ultimate or Adstract Values），像民主、正義、自由、和平、社會發展、自我決定，及自我實現等。而社會安全工作在這方面，是指人的價值、人的潛能，及個人與社會的完美性。其次，是「中介價值」（Intermediate Values），像好的生活、好的家庭，而發展為好的團體，以及好的社區等。第三、是「工具價值或操作價值（Insterumental or Operational Values），這是指達到終極價值手段或方法，像好的社會服務機構，好的政府機能，及好的專業人員等。

有人說，「愛」（Love），是社會安全工作的基本價值，所以社會安全工作便被說成了「具有愛心的行業」；同時也有人說，「關懷」才是社會安全工作的基本價值，因此，更有人乾脆把「愛」、「關懷」與「責任」三者，說成建構「利他主義」（Altruism）的基本要素。換句話說，社會安全工作，也就是一種「非自私的去關懷他人福祉不求回報」的本質。

綜合以上所列舉的項目和內涵，並不能完全解釋所有的一切，而只是提供一些可供參考的相對的抉擇。我們知道，任何一種價值，在實存的世界中，都可以視為非極致的互通性，在某些情形下，可採取靠另一端較優勢的價值；同樣的，在某些情境中，則也可將之移動至他端，如斯抉擇，值得注意的，必須建築在哲理、思想、知識、價值，以及其現實多變數的考量上，才是正確的取向。

叁、社會安全之歷史演進

「社會安全工作」（Social Security Work），始於人類的同情心。而世界各國社會安全工作的歷史演進，雖各有不同背景與不同的發展過程，但其中有一個共同的現象，那就是淵源於慈善事業，或救濟事業。至第二次世界大戰後，則是以政府所建立的「社會安全制度」（Social Security System）為主，以社團志願服務為輔，經由「社會福利」體系而邁向「福利社會」的共享境界。以下則以歐美的社會安全工作之歷史演進與發展，作為敘述的經緯。

一、英國社會安全工作的歷史演進

英國的社會安全工作，自十四世紀起，禁止對體力健壯的乞丐、遊民施賑救濟，並以法律強制他們工作。至十六世紀後，由於封建制度崩潰，及兼受宗教改革影響，使一般寺院多遭解散，讓向來以此供給食住的貧民，一時失去容身之處。是以政府基於救助貧民為社會責任之本務，乃將以往各種有關濟貧法規，加以整合，制定一六〇一年之「濟貧法」（Poor Law），則稱之為「伊莉莎白第四三號法」（43 Elizabeth Law）。

而此一濟貧法的主旨，可以說是代表著英國濟貧立法的最後型態。因之，使一般人認為：貧民在政治、宗教、及經濟變遷時期，需要政府以實際行動來供應其各種需求，以減緩抗爭，來維持社會安定。

此外，該濟貧法，為英國奠定了主持公共救濟事業應有的方式，其中確定的原則是，地方「教區」須為在地之貧民充實救濟經費，為一些不能工作者及失依兒童與老人準備糧食，但亦應為體力健全者準備工作，讓政府真正接受無力供養自己的人們予以救濟之義務。於是使「公共救助」之理論，莫不以此為重要之依據。就這樣，由政府的參與，專業人員的負責，以及寺院外的實施，已經促進了社會安全工作的觀念與方法之改變，此對社會安全工作之發展，可以說是一大貢獻。

不過，此後復因該濟貧法實施已久，制度雖已普及，但貧民卻未由此而減少。其中最大的問題，乃是造成了為數眾多的貧民，如不予以救助，即不能維持其生存的現象，而且更養成了他們的依賴心理，既不重視自己的自尊心，並干涉彼等謀生的自由。因之，該濟貧法為因應社會變遷需要，順應世界潮流，歷經數次修訂，直至一九四八年制定「國民扶助法」（National Assistance Law）之後，此一垂三百四十餘年歷史之濟貧法，始告廢止。

二、德國社會安全工作的歷史演進

歐洲的社會救濟事業，除了英國有許多足資取法者外，其次就算是德國了。德國在一七七二年至一七七三年之間，因飢饉頻仍，貧民迅即倍增，於是對於救濟問題，大有難以應付之感。而各個市級組織的公共協會與地方團體，乃起而共同從事於救濟事業，如確定救濟事務的項目，籌募救濟款項，並分別設立「強迫工作所」，從事於收容乞丐等相關工作。但由於問題嚴重，卻未能發揮救助功效之後。至一七八八年則發展出所謂的「漢堡制度」（Hamburg System）與一八五二年的「愛爾伯福制度」（Elberfeid System）先後並稱，而同為世界各國救濟工作在制度與方法上，提供了一個新的張本。

可是，此一張本，旋因貧困人口繼續增加，需要賑濟的案件過多，使原有的制度漸趨不能適應，遂又促成了所謂的「新漢堡制」（New Hamburg System）於一八九二年誕生。其特點，在中央機關更能獨立行使職權。其最大的不同處，就是發給貧民的賑災款是長期的，並將受教濟的人加以分類，以便管理。

總之，德國的漢堡制、愛爾伯福制、以及新漢堡制，由於其所持的要領與做法，較為實際，故為世界若干國家所採行。

而且在此同時，德國俾斯麥（Bis Marck）首相領導的政府，於一八八三年創設強制勞工參加保險，開創了現代國家實施「社會安全制度」（Social Security System）之先河。而產業革命後，世界的整個經濟結構發生丕變，於是在社會上，乃形成了貧富懸殊的現象，同時在工廠制度下受僱的工人，只有靠低微的工資收入過活，其處境尤為不利，因此更造成了許多嚴重的社會問題，而罷工事件，更是層出不窮。當時世界各國，都企圖用武力予以嚴厲制裁那些反動份子的軌外行動，卻加深了國民對政府的不滿。只有富有遠大政治眼光的德國首相俾斯麥，則採取溫和手段，以保護勞工來代替鎮壓措施，因而始有一八八三年的疾病保險，一八八四年的職業災害保險，以及一八八九年的殘廢與老年保險，並採取危險分擔的原則，集合工人、事業主及政府之財力，而保障勞動者遇有疾病、傷害、老殘與死亡時，均可支領保險給付，以應事故發生之需要。於是工人情緒便逐漸穩定，生活也漸趨改善，社會亦轉趨安定。所以，這項社會安全制度的設施，在世界各國乃應運而生。

三、美國社會安全工作的歷史演進

關於美國社會安全工作之發展與演進，是自一九二九年的十月為其起跑點。由於那年紐約股票交換所，因遭到破產所引起的「經濟大恐慌」（Economic Depression）之後，其失業人口突然暴增，政府對於社會救濟費用的負擔，便日趨嚴重。當時主管其事者，仍固守信條，並認為社會救濟事業，應繼續要為失業族群解決問題。於是在羅斯福總統（President Roosevelt）就任後，立即建立並展開聯邦救助的各項有關措施，這也就是當時所謂的「新政」（New Deal），其所採取的各項做法，便加強了全國民眾所需求的一個具有全國性的計畫觀念，而這個觀念的建立，已為美國社會安全制度的發展舖了一條新路。因此聯邦政府遂採取各項緊急措施，且以大規模的救濟失業者群及家屬，而同時也建立了各種緊急救濟行政機關，像「聯邦緊急救濟總署」（Federal Emergency Rdministration Admimistration FERA），「公共工程署」（Public Works Administration PWA），及「全國青年署」（National Youth Administration NYA）等，因此改變了美國救濟事業由地方辦理之傳統觀念，並認為此種社會救濟與社會福利，應為中央政府行政職責，而且以全國人民為對象的社會福利行政工作。所以到了一九三五年，遂即制定了「社會安全法案」（Social Security Act），於是美國的社會安全工作，便有了永久性的立法與制度。其內容包括三個主要方案：㈠「社會保險方案」（Program Of Social Insurance），其中涵蓋老人保險制度，失業補償制度。㈡「公共分類救助方案」（Program Of Public Categorical Assistance）其中涵蓋老人、貧苦老人、失依兒童、及永久或完全殘廢者（此係一九五〇年增加者）為救助對象。㈢「衛生及福利方案」（Porgram of Health and Welfart Services），則涵蓋婦幼衛生服務，殘廢兒童服務、職業重建，以及公共衛生服務等。

至於其主要業務之管理與監督權，則另設「社會安全理事會」（Social Security Board），負責執行之。

肆、我國社會安全之理想藍圖

晚近以來，一般人只要以提到「社會安全」（Social Security）這一名詞，其直接的反應，總以為這是來自西方資本主義國家的產物。殊不知我國早在兩千多年以前的先秦時代，即已於「禮記禮運篇」中，提出了「大同社會」之崇高的理想藍圖。只不過這只是我國社會安全工作的一個架構，或者說一個綱目而已。以下可從思想、政策與制度之各方面分別加以說明之。

一、我國社會安全工作的發展過程

我國之有社會安全工作思想，是來自史稱唐虞「萬世救荒」之始。其發展可分「發軔期」、「轉捩期」、與「定型期」三大階段。

㈠**發軔期**：什麼是社會安全工作？從我國歷代聖君「發政施仁」來看，一如世界其他先進福利國家然，同樣是發軔於「救濟事業」，而且多半是「臨性的救災」，或「個別性的賑窮」。那時只是一個聽天由命的社會，在一般人的心目中，從來就沒有想到什麼是社會安全工作這個名詞，更談不上對生活條件的反應。如從社會學的觀點來看，社會安全工作，原本是一種補償行為，但也是負的反餽作用。此固可否定來自個別差異的函數，然而在那種純樸的社會裡，所謂社會安全工作，只不過是「為人牧者」之憐憫施捨，或恩賜而已。其中可稱之為政策或制度者，除「禮記禮運篇」孔子的「大同社會」而外，就是「周禮」管子的「入國篇」所載

「九惠之教」。即：「一曰老老。二曰慈幼。三曰恤孤。四曰養疾。五曰合獨。六曰問疾。七曰通窮。八曰振困。九曰接絕」。易言之，即今日之老人福利、兒童福利、社會救助、醫療服務、婚姻諮詢、健康服務、小本貸款、就業輔導、及義親奉祀等。像這種仁政措施，就是社會安全工作的政策與制度「概念化的過程」。

㈡**轉振期**：當我國到了滿清末葉，由於政府無能所導致的貪污腐化，使一些喪權辱國之事接踵而來。適於此時，中日「甲午戰爭」又遭失敗，國父孫中山先生起而領導國民革命，推翻專制王朝，建立亞洲第一個民主共和國，而把我國有關社會安全工作的各種措施，推向一個「轉振期」的里程碑。到了民國初年，便針對我國社會問題產生的由來，根據貧窮與落後的事實，乃規劃出一套和平漸進的解決方法，那就是「發達生產以致富」與「合理分配以求均」的設計之社會福利政策，加之此時又受到「西潮東漸」的激盪影響。故不得不將我國傳統的仁政思想理念加以調整，以適應近代社會安全工作的發展，用來滿足人民需要。此在我國社會安全工作的措施上，可以說是邁向「均無貧」之「社會化的改革」。

㈢**定型期**：在我國社會安全各項工作措施進入制度化以後，不論是社會安全思想、政策或制度，均係以現代化的視野，致力於「福利社會」（Welfare Society）的實現。因此，對社會安全工作「Social Security Work」的詮釋，是把它視為一個社會對解決社會問題的承諾。明白的說，亦即是全民應享有的一種滿足生活。所以現代化的社會安全設計，則被肯定為「社會安全制度」（Social Security System）的實施。如就其歷史發展言，應自民國三十六年（一九四七）十二月二十五日，在政府公布實施憲政之時即已定型。所以此時的我國社會安全工作，實質上，業經邁向一個「定型期」的階段。此不僅是其「法制化的起點」，而且也是「現代化的開始」。

二、我國社會安全工作的三大主軸

當前我國正在實施的「社會安全制度」（Social Security System），其主旨，是基於確保人民在經濟生活上不於匱乏，進而創造一個具有自我特色的「福利國家」（Welfare State）為前提，期使每一個人「從搖籃到墳墓」（Form the Cradel to the Grave），都能得到全程的照顧，為其最高的指導原則，其中所包括的有三大主軸，㈠是「社會保險」。㈡是「公共救助」。㈢是「福利服務」。茲依據過去實施的過程，分別加以說明於後。

段之一，也是現代國家為確保人民在經濟生活上不虞匱乏的一項最具體，也最有效的社會安全措施。其辦理的情形如何？從以下各點，可以窺其梗概。

㈠**實施「社會保險」**（Social Insurance），是推行「社會安全制度」的主要手

我國的社會保險，自民國三十九年開始以來，即依據政策逐步分業辦理，在各類保險有關法規方面，亦均已先後適時完成社會立法程序，並按社會變遷與要需，隨時予以修訂而力求改善，這是值得肯定。

不過，應予檢討者亦多。例如「就業安全」及「失業保險」等，迄今仍未能設計出一套完善的規劃措施，不無遺憾。

其次，原構想擬於實施「全民健康保險」之後，將現行的軍公教保險及勞工保險中之殘廢、死亡、以及養老給付等，改採「國民年金制」，但不知為什麼一再拖延？直至今年初雖已宣布實施，那只是為了有所交代，而提出的一個不切實際的敷衍故事，尤其是養老部份，更是與需求相距甚遠。

再者，我以為最值得檢討的，就是在實施社會保險的規劃上，自始即採取分業方式辦理，但是，由於主管機關不同，非僅導致事權分散，各行其是，而且是事物費用重疊，浪費公帑支出，尤其是保險費率及給付標準不一，久已為一般社會大眾

所詬病，要解決此一問題，應設置「中央社會保險局」，統籌規劃辦理，才是最佳方案。

㈡所謂「**公共救助**」（Public Assistance），又名「社會救助」，此係對生活困難之低收入戶，及遭受緊急危難，或非常災害之受難者之一種特別照顧。其目的不僅是消極的給予救助，使其足以維持最低生活，而且也有其積極性的一面，期以協助其自力更生，參與生產，而脫離窮貧困境。

按現行的我國公共救助有關規定，可以說是社會福利中最單純，也最實際的一項救濟措施。自民國六十三年六月公布實施以來，各方反應甚佳，尤其對低收入戶生活之補助，針對實際需要，而年有改善，並逐漸達到消滅貧窮之目的。

只不過，這在實施公共救助的理念上，卻忽略了社會資源的開發，是值得檢討與改進者。因此，致潛在的廣大社會資源未作有效運用；而且政府與民間救助機構，亦缺乏密切聯繫，乃造成個案轉介不易銜接的缺失。今後應結合社區組織及有關社團，共同廣為投入，以變貧窮為「小康」，進而邁向「大同」共享的社會。

㈢至於「**福利服務**」（Welfare Service），其範圍不是一般貧民，而是屬於以社會中某些具有特定性質的弱勢人口為對象，並以其生活需要，分別給予免費或優待的服務，使之克服經濟性以外的困難，藉以發揮其預防、保護、及重建等多種功能。其涵蓋面，包括兒童、青少年、老人、身心障礙者，以及勞工、農漁民、婦女與精神病患者等福利服務。

在上列各類福利服務項目中，除「精神病患者福利法」與「婦女福利法」，尚未能完成外，其餘均已依據有關社會福利政策，先後完成社會立法程序，而逐步頒布實施，其中有關於老人的福利服務，與身心障礙者的福利服務部份，雖未能令人完全滿意，但對彼等的幫助與照顧，堪稱多元而且實際有效。

可是，在兒童福利服務，與青少年福利服務部份，由於其缺點甚多，加之執行與監督機制聯繫不夠，以致使一些不幸的兒童經常遭遇到家暴的虐待；而青少年也因此在不知不覺中，發生了不少的偏差與脫軌行為，像這些問題，如不即時加以改善而予以有效解決，將會益加嚴重。

三、我國社會安全工作的未來發展

我國社會安全工作，在史乘的發展上，是起自於唐虞「萬世救荒」之始。至先秦時代，即已提出了一套具有現代「福利國家」（Welfare State）的架構設計，那就是「禮記禮運篇」所繪製的「大同社會」之理想藍圖。可是不知為什麼？竟延宕了近三千年之久，迄至近代，才進入規劃及實踐階段。以下願提供幾點淺見，作為未來的展望。

㈠順應世界潮流：根據人類歷史的發展，證明我國文化已成為今日世界和平思想主流，因而我國所規畫的社會安全制度，自有其獨創性的架構、目標與特色。所以國父孫中山先生對「大同社會」一詞之詮釋，就是無國界、無戰爭，而人人（是指世界人類）都能擁有的一種和平共享的「大同世界」。

因為，我國文化是以「仁」為中心，故其民族精神，也就是以和平為本，從而進一步實行其「濟弱扶傾」之道，使國與國之間，「講信修睦」，並藉著國際公理與正義，以實現其「天下為公」之理想願景。

㈡掌握互相原則：人類的互助，就是一個最理想的社會安全工作體系。而大同世界，也就是人類本於互助之原則進化而成。所以說：「人類自文明以後，則天性所趨，已莫之為而為，莫之致而致，向於互助之原則，以求達人類進化之目的矣。」人類進化之目的為何？即孔子所云：「大道之行也，天下為公」；與耶穌所謂：「爾旨得成，在地若天。」此人類之所希望者，即是將人間痛苦之社會，而化為幸福共享之天堂。如此，「則人人不獨親其親，不獨子其子，」是謂大同。

㈢**落實漸進步驟**：大同社會，或世界大同，是國父孫中山先生的終極理想目標。但此一崇高境界，並非一蹴可幾。然而在進行的步驟上，必須經由「小康」的階段，而後方能進於「大同」的領域，最後才能真正邁向人性化的大同世界。

從以上中山先生的觀點中，可以看出他是以漸進方式為實行步驟，而且是從個人、而國家、而世界，逐層向前推展，自能近一步實現其禮運篇的大同社會，以保障世界人類永久和平與福祉。

總之，設若人類社會能達到這種境界，則過與不及的福利措施，自可相對調整，而安和、樂利與共享的社會安全體系之大同世界，當可由此而實現。（本文係本人於二〇〇八年五月四日寫於臺北哲思工作室）。

後記：本文所採用的有關參考資料：

一、本人所著「中國社會福利思想與制度」、「社會安全制度之規畫與實施」，及「均富政策與經濟發展」等著作。

二、徐震和林萬億合著的「當代社會工作」一書有關論點。

第四篇　是規劃性的

主題：我國社會安全制度之規劃與實施

晚近以來，一般人只要一提到「社會福利」（Social Welfare），或「社會安全制度」（Social Security System），其直接的反應，總以為這是來自西方資本主義國家的產物。殊不知我國早在兩千多年以前的先秦時代，即已於「禮記禮運篇」中，具體的提出了「大同社會」之崇高理想藍圖。而且此一關係著全民福祉的完美構想，就連現代歐美所強的「福利國家」（Welfare State），亦未有超出其範疇者。不過，那只是中國社會安全制度的一個架構，或者說是一個綱目而已。

壹、題前的話

因為，中國在那個時候，只是一個歷史悠久的文化古國，純樸而良善的人民，長期過著典型的農業社會之勤儉生活。其生產與消費，一向是維持著自給自足的平衡狀態，對於社會福利的需求，根本就不知道這是國民應享的一種權利。而有關於社會福利的理念，雖自帝堯之時，即以：「存心於天下，加志於窮民。痛萬民之罹罪，憂眾生之不逐也」（註一）之仁政思想揭其濫觴，惟其後因受長期農業社會過於保守的影響，其間經過了近三千年的變遷，仍未能形成一套完整的社會福利實施方案，就連一貫性的社會福利政策，亦未作有系統之規劃。迨辛亥武昌革命起義，一舉推翻了滿清專制王朝，建立民國之後，為了避免重蹈歐美各國貧富懸殊，而發生社會革命之覆轍，國父孫中山先生則相繼提出了「平均地權」與「節制資本」，以為實施其「民生主義」的兩大辦法，於是一個「既均且富」的安和樂利社會，則隱然在望。

貳、史乘的回顧

中國社會福利思想、政策與制度的歷史發展。約可分為三個時期。簡言之，即：第一、為「發軔期」，此一時期，是中國社會福利「概念化的過程」。第二、為「轉捩期」，此一時期，是中國社會福利「社會化的改革」。第三、為「定型期」，此一時期，是中國社會福利「法制化的起點」。為使社會大眾對社會福利思想、政策與制度能夠全盤了解，上列這三個時期之歷史發展，雖然在本書第四篇「社會安全思潮之歷史發展」中已簡略的提及過，但為了使一般大眾能夠進一步認識，分別舉其要者而評述之：

一、發軔期──概念化的過程

中國之有社會福利思想，係自史稱唐虞「萬世救荒」之始。其時只是一個聽天由命的社會，在一般人的心目中，從來就沒有想到什麼是「社會福利」這個名詞，更談不上對生活條件的反應。當然，如以社會學的觀點來看，社會福利原本是一種補償行為，但也是負的反饋作用，此固可否定來自差異的社會函數，然而在那種純樸的社會裡，所謂社會福利，只不過是「為人牧者」之憐憫的施捨，或恩賜而已。

至於我國古代的聖君「發政施仁」，其所採取的措施是什麼？根據史實，一如世界其他先進福利國家一樣，同樣是發軔於「救濟事業」，而且多半是臨時性的「救災」，或個別性的「賑窮」為主。像這種由仁政思想推演出來的一些類似作為，均可稱之為中國社會福利政策或制度之「概念化的過程」。

二、轉捩期——社會化的改革

當中國到了滿清末葉，由於政府無能所導致的貪污腐化，使一些喪權辱國與割地賠款之悲情局面接踵而來。適於此時，也就是中日「甲午戰爭」遭到失敗之後，國父孫中山先生起而倡導國民革命，開始進行「社會化的改革」，把中國社會福利思想、政策，乃至制度，推向一個「轉捩期」的里程碑。到了民國初年，乃針對中國社會問題產生的由來，根據貧窮與落後的事實，規劃出一套和平漸進的解決方法，那就是「發達生產以致富」，與「合理分配以求均」的設計（註二）。因此，中國社會福利便隨著歷史的演化，很自然的隨著潮流繼續向前推進。而其導源，則是受「西潮東漸」的激盪影響，故不得不將中國傳統的社會福利理念重新加以調整，以適應近代社會發展的趨向，來滿足民生的需要。

然而如何調整？在本人所著：「中國社會福利思想與制度」一書第三篇中，曾就中國社會福利發展史的演進，以「中國近代社會福利制度之綱領規劃論」作為探討的依據。其發展約可分為下列三個階段：其一、是自鴉片戰爭至滿清覆亡時止，此期間的中國社會福利，嚴格的說，只不過是延續傳統的救卹之仁政而已。其二、是自民國元年起至北伐統一時止，其間所規劃的社會福利，也只是以解決社會問題為中心所作的條例式的宣示。其三、是自民國十八年至對日抗戰勝利實施憲政時止，這時國家雖陷於極端艱困之境，但仍能注意到社會福利制度之規劃與推動，實在難能可貴。至民國三十四年（一九四五），經由當時社會部具體的制定了「四大社會政策綱領」，其中包括：⑴「民族保育政策綱領」，⑵「勞工政策綱領」，⑶「農民政策綱領」；以及⑷「戰後社會安全初步設施綱領」。由此，使我國的社會福利朝向社會化的邁進。

二、定型期—法制化的起點

在中國社會福利各項設施進入法制化以後，不論是社會福利思想的拓展，政策的制定，抑或制度的建立，均係以現代化的視野，致力於「福利社會」（Welfare society）的實現。

因此，現代的中國人，對所謂的「社會福利」（Social Welfare）的詮釋，在其抽象思想的層次上，多能把它視為一個社會對解決社會問題的承諾。明白點說，亦即是期待全民均應享有一種滿足的生活。所以現代化的社會福利設施，無疑的，則被肯定為「社會安全制度」（Social Security System）。

至於此一時期，以何時為界限，就其歷史發展言，應自民國三十六年（一九四七年）十二月二十五日，在我國公布實施憲政之時為其起點。所以說此時的中國社會福利，就其實質言，業經邁向「定型期」的階段。此不僅是「法制化的起點」，而且也是「現代化的開始」（註三）。

參、現況的檢討

而台灣現行的「社會安全制度」（Social Security System），是基於確保人民在經濟生活上的不虞匱乏，進而創造一個具有中國特色的「福利國家」（Welfare State）為前提，使每一個中國人「從搖籃到墳墓」（From the Cradle to the Grave），都能得到全程妥善的照顧，為其最高指導原則。其中所包括的「社會福利」項目，依照行政院八十三年七月十四日第二三八九次院會審議通過的「社會福利政策綱領」，所列舉的實施要點：⑴就業安全⑵社會保險。⑶福利服務。⑷國民住宅。⑸醫療保健。但按照社會福利分類，則為：「社會保險」、「公共救助」，及「福利服務」之三大範疇。茲特就其實施現況，分別加以綜合檢討於後：

一、先談社會保險

實施「社會保險」（Social Insurance），為推行「社會安全制度」的主要手段之一，也是現代國家為確保國民之收入與健康安全的一項最具體，也最有效的社會福利措施。就其政策層面而言，即是以保障社會大眾之經濟生活安全為目的。然而，其辦理的情形如何？從下列各點，可以窺其概要：

我國的社會保險，自民國三十九年（一九五〇年）開辦以來，即依據政策逐步分業擴大投保範圍，凡符合規定之對象，均已涵蓋於現行各類保險方案之內；其中公保並已擴及到眷屬，而勞保亦比照辦理。在各類保險有關法規方面，亦均已先後適時完成社會立法程序，並依據社會變遷與需要，隨時予以修訂而力求改善，這些均應予以肯定者。

不過，值得檢討者亦多。例如：「就業安全」及「失業保險」，迄今仍未能提一套完美的措施，如果說因考慮政府財政與企業主的負擔，以及避免影響工作意願等，為延宕開辦失業保險之理由的話，那只是實施辦法給付條件的問題，絕不是政策的本身，此其一。

其次，原構想擬於「實施全民健康保險之後，將現行的軍公教保險及勞工保險中之殘廢、死亡、及養老給付，改採年金或公積金制，或國民年金制」，現在雖已提出，尚不知何時才能完全實現，此其二。

再者，像我國現行的公勞保等之保險，其老年、殘廢，及死亡之給付，均採一次給付制，此固可減少事務費用之支出，且其給付金額集中而較大，對被保險人及其受益者用於事業或投資較為有利。反之，如運用不當遭受失敗，則不符安全保障之原則。現在全世界所有實施老年、殘廢，及死亡給付制的國家，除亞非等尚有十八個國家採公積金制之一次給付，以及黎巴嫩和我國勞保公保等之社會保險採一次給付外，其餘均已採年金給付制。根據此一情況，我國早應依照既定政策，增設年金給付制，與一次給付合併使用為宜。此其三。

最後，但也是必須在此提出者，那就是對社會保險之實施，在制度的規劃上，自始即以分業辦理。惟因有關法律不同，於是乃產生各種保險之間的轉換年資不能銜接問題，因而使被保險人遭受損失甚距。尤其是辦理各類保險之主管機關不一，非僅導致事權分散，各行其是，與事務費用重疊，浪費公帑支出，而且其保險費率及給付標準，亦各有其差異，久已為一般社會大眾所詬病。要解決此一問問，應設置「中央社會保險局」，統籌規劃辦理，才是最佳方案。此其四。

二、次言公共救助

所謂「公共救助」（Public Assistance），又名「社會救助」（Social Assistance）。此係對生活困難之低收入者，及遭受緊急危難，或非常災害之一種特別照顧。其目的不僅是消極的給予救濟，使其足以維護最低生活水準，而且也有其積極的一面，期以協助其自立更生，參與生產，而脫離貧窮之困境。

按現行的「公共救助」制度，為社會福利中一項最單純，也最實際的救濟措施，自民國六十三年（一九七四）六月頒行以來，各方反應甚佳，尤其是對於低收入戶生活之補助，可以說年有改善。根據統計，當時台灣地區接受家庭補助的低收入戶，計有三七、五三〇戶，共支出經費新台幣三千六百萬元，每戶平均補助九百六十一元。之後經過十多年來的努力，接受補助的低收入戶，則降為三五、九三九戶，而經費則增為三億五千餘萬元，每戶平均補助九千八百九十四元，為十年前的一〇．六倍，其消費物價指數僅上漲一．九六倍，可見低收入戶實質收益提高甚多。到了第二個十年結束後，使低收入戶數鉅幅下降，相信到了第三個十年，將逐漸達到消滅貧窮之目的。

關於低收入戶之認定，其最大的特色，是以消費支出為主要計算標準，從支出面衡量一個人應有的最低生活需要，較以往收入面計算，更能符合保障個人基本生活之原則。例如：台灣省及高雄市由原先的最低生活費用每人每月四千三百元，提高為四千四百六十九元，台北市由原先的最低生活費每人每月四千九百二十元，提高為六千五百八十一元，如以一家四口計算，台灣省及高雄市民只要其家庭總收入未達一萬七千八百七十六元，台北市民家庭總收入未達二萬六千三百二十四元，都算是低收入入戶。這可以說是社會福利真正落實到「不虞匱乏」的境地。

但是，在實施公共救助的理念上，卻忽了社會資源的開發，是值得檢討與改進者，因此，致潛在的廣大社會資源未作有效的運用；而且政府與民間救助機構，亦缺乏密切聯繫，乃造成個案轉介不易銜接的缺失。今後似應結合社區組織有關社團的力量，共同廣為投入，以變貧窮為「小康」，進而邁向「均富」的社會。

三、再論福利服務

至於「福利服務」（Welfare Service），其範圍不是一般貧民，而是以社會中某些具有特定性質的弱勢人口為對象，並以其生活需要，分別給予免費或優待的服務，使之克服經濟性以外的困難，藉以發揮其預防、保護，及重建等多種功能，為社會福利制度中不可缺少的重要項目之一。其涵蓋面，包括兒童、少年、老人、殘障、以及勞工、農、漁民、婦女與精神病患者等福利服務。

在上列各類福利服務項目中，除「精神病患者福利法」、「農漁民福利法」、及「婦女福利法」尚未完成外，其餘均已依據有關社會政策，先後完成社會立法而頒布實施。以下特就現行福利服務有關項目，分別加以檢討如次：

甲、兒童福利服務：兒童福利服務，分為「一般兒童福利服務」與「特殊兒童福利服務」兩類，前者是指一切正常兒童之健康、教育、衛生、醫藥，及康樂等之福利措施；後者是指失依、被棄、身心殘障，或行為不良，及家庭改組等之兒童福利服務。為加強對兒童之保護，業經於民國六十二年（一九七三）制定了「兒童福利法」。惟其中「保護」及「托兒」兩方面，尚嫌不足。因為我國近年來，由於兒童保護意識逐漸提昇，促使一般人士對兒童被虐待的問題，均能有所了解與重視，可以說是一種可喜的現象。不過，我國原訂的「兒童福利法」，雖然已予修正，對於「兒童保護」亦列有專章，但仍缺乏前瞻性，不能符合現在社會需要；尤其是社會變遷加速，兒童權利高漲，更顯示法律之落後。為使兒童被虐待及忽視事件易於發掘，獲得保護，必須建立提報系統網路，方能真正發揮其應有的功能。

乙、少年福利服務：「少年福利法」，是於民國七十八年（一九八九）一月始行制定。本法所謂之「少年」，係指十二歲以上未滿十八歲之人。自頒布施行以來，已有多年，由家庭、社會、及有關機關、團體未予貫徹執行，以致少年問題日趨嚴重，急需加以導正。尤其是近年來最受社會關切的「雛妓」問題，均屬於少年保護的重要工作。當地社會行政主管單位、警察機關及少年福利機構，除應隨時提出檢討與徹底執行外，更應嚴密建構少年福利服務網絡之措施，多管齊下，始能使少年福利法之基本精神落實有效。近年來，青少年的犯罪率，非僅年有增加，其犯罪的年齡，亦有向下發展的趨勢，這就是由於少年福利法未能作有效的執行，所產生的後果。

丙、老人福利服務：老人福利，是以宏揚敬老美德，安定老人生活，維護老人健康，及增進老人福祉為主旨。故於民國七十九年（一九九〇）一月，特制定「老人福利法」，其所涵蓋的老人福利設施，大體可分為四類，其一、為老人扶養機構。其二、為老人療養機構。其三、為老人休養機構。其四、為老人服務機構。政府所辦的以免費為原則，民間所辦的則為使用者付費。然而這些設施雖年有增加，但仍不能滿足與解決人口老化後的各項福利需求。其原因乃是由於醫學進步，公共衛生與營養改善，以及人口出生率降低，乃導致人口高齡化逐漸形成的現象所致。根據統計，至公元二〇〇〇年，臺灣地區六十五歲以上的人口將占總人口數的比例，由目前的百分之七點二的階梯而繼續向上爬昇，增加為百分之八點七，顯示臺灣地區未來的人口結構將邁入「高齡化」的社會。因此，我們必須針對人口快速老化的趨勢，提出前瞻性的整體規劃，方能適應未來的老人各項福利需求。

因為，現階段的老人福利服務，正面臨著諸多困難與問題的存在。例如社會福利機構缺乏與老人福利機構橫的聯繫，使老人安養與療養機構脫節，造成老人安養和監護之間的斷層。同時，政府與民間老人福利機構之間的關係缺乏有效的法律規範，使民間老人福利機構服務的品質差異甚大，必須儘速加以改善。目前最感到嚴重的，就是老人安養和照護的問題。以衛生署今年最新的統計資料顯示：台灣老年人口中需要長期照護者就超選七萬八千人，但其中接受合法機構照護的人數約只有一萬一千多人，其餘還有六萬六千多人無法接受合法安養照護，都要借助未申請立案的安養與療養機構，這些機構的照顧素質參差不一，令人擔心受照護者所受到的照顧問題。同時衛生署又指出，台灣目前的照護資源確實不足，以護理之家為例，據估計需求床位數在兩萬床左右，但實際上目前合法的床數只有四百到五百床，供需間的差距四十到五十倍。

要解決這些問題，我們以為應從「政策」與「實務」兩方面入手。前者政府須儘速訂頒老人福利綱領，以為推動老人福利服務指導原則；並據以作為修正「老人福利法」的參考基礎。至於後者，急應提昇老人福利服務水準，並考慮提供退休老人經濟生活的保障，以結合社會福利與衛生保健，建構一套完整的老人安全福利系統，才能真正落實到迫切需要服務的老人身上。

另外，還有一個更重要的癥結所在，那就是現代家庭對於處理老人問題的能力已日漸式微，故不得不尋求社會支援，所以由於此一共識，使老人原本純屬私人子女回饋的問題，便演變為社會大眾所關心的社會問題了。於是乃進而要求政府介入為之解決，因此，也就凸顯出老人在經濟、健康與精神上之三大需求，換句話說，亦即是要以「年金保險」或「福利年金」，由政府全額提供的年金制，來保障老人的經濟生活，以「健康保險」與「醫療保健」，由政府免費提供的醫療服務，來保障老人的健康生活，再以各種「福利服務」，如機構服務、社區服務，社會參與服務，以及文康服務等，來保障老人的精神生活（註四）。如此，才是最基本，最實際的為老人所面臨的各種問題，謀求徹底解決。

丁、**殘障福利服務：**殘障福利服務。也就是身心障礙的福利服務，早在民國六十年（一九七一）以前，就已開始進行規劃，這也是基於「悲天憫人的關懷心態」出發，希望讓他們回歸社會、社區及家庭，以公平、合理的分享與一般人對等的正常生活。於是乃於民國六十九年（一九八〇）年六月完成「殘障福利法」立法程序，以為推行心身障礙者的福利服務工作之依據。不過，由於本法偏重「政策性的宣示」，故效果不彰。旋經各界紛紛提出呼籲，至民國七十七年（一九八八）以動「大手術」的修正公布施行後，才有了「具體的規範性」，而落實到「最後受益者是個人」，及「最劣者受益最大」的原則，普遍而有效的實踐，因此，不論是就學、就醫、就養，或就業，乃至對無障礙環境的設計與執行，均有突破性的發展。

大體言之，現行的「殘障福利法」，雖尚有若干問題的存，但已經差強人意。這裡所說的問題，係指一些執行的條件，必須獲得解決，例如經費預算至少應訂明最低的下限，方能有所保障。他如有關法令的配合，亦至為重要。此外，如「職業訓練法」，及「特殊教育法」，均應充分予以支援，才能收事半功倍之效。

當然，近年來由於殘障福利政策推行的結果，已經喚醒一般社會大眾對此問題的重視，使人們逐漸面對非經濟因素的考量，發揚社會溫馨的一面，讓殘障者能夠重新拾回人性的尊嚴，走向光明，這是社會大眾所稱道的。尤其是，對整個經濟環境而言，他們不再是一個躲在家裡賴人照顧的人。甚至藉著受教育及職業訓練的機會，使其擁有更大的生產力，而同時由社會的負擔轉而成為國家建設的一種力量，更是值得肯定者。

肆、未來的展望

中國之有「社會福利」或「社會安全」措施，在前面「史乘的回顧」中，業經提到肇於唐虞「萬世救荒」之始，至先秦時代，即已提出了一套具有現代「福利國家」（**Welfare State**）之架構的設計，那就是禮記「禮運篇」所繪製的「大同社會」之福利體系藍圖。然而為什麼延宕近三千年，迄至近代，才真正進入規劃與實踐的階段，其原因雖多，主要還是中國人一直擺脫不了老大保守心態所使然。以下願提供數點淺見，作為未來的展望：

一、迎接新世紀的時代思潮

有人說，不是「福利國家」（Welfare State），即不能稱之為「現代化國家」（Modernization State）。這是自第二次世界大戰結束以來，世界各國所要追求的目標。近年來政府有關單位曾兩度提出警告，如實施福利國家的公共政策，一定會拖跨政府的財政。此不僅缺乏說服力，而且幾已否定了此一未來的崇高理想。個人以為，問題不在實施福利國家政策的本身，而是在實施福利國家所應建立的一套制度與管理稽核辦法是否健全與周延？所謂「天下沒有白吃的午餐」，享受者付費，在此一業經達成共識的前提下，還說「不可辦」或「辦不好」，那就是充分的表示了政府的無能。

面對著即將來臨的二十一世紀，中國若想有超越的表現，非僅必須接受此一挑戰，而且每一個人都要做好心理調適，絕不能以昨日的舊經驗，來處理今日的新事物，如稍一停留，即為自然進化的定律所淘汰。此一觀點，並非意味著新的東西都是好的便否定過去，是說一個成熟的理念或一種新事物的出現，一定是來自舊有的傳統社會。惟其能有此種體認，才可掌握現實、創造未來。若據此策進中國社會福利，使之結合新世紀的時代思潮，自可突破保守的思想瓶頸。尤其是：

甲、在認知上，已從傳統中脫胎：中國社會福利思想與制度的歷史演進，已經越過了古代「概念化的過程」，並通過近代「社會化的改革」，而從現代「法制化的起點」上，正大踏步朝向「福利國家」的境界推進中。因此使「社會安全制度」的視野，完全擺脫了所謂「德政的模式」下那種施捨思想，進而認為人民要求政府對其生活的照顧，乃是一種基本權利。此種轉變，固受內在社會環境變遷的影響，但外來的時代思潮之激盪，也是最重要的導因之一。

乙、在步調上，正向現代化萬進：中國人追求現代化，自清末起就一直要實現的里程碑。所謂「現代化」（Modernization）是十九世紀以來，人類社會要求合理環境與幸福生活變遷過程。其所代表的，乃是運用智慧主動抉擇自我改進的共同覺醒。換句話說，它以一種理性、效率與計畫的變遷過程。儘管各家對現代化一詞詮釋不一，但它卻成為一種全球的經驗法則，因之西方和非西方社會中的人，都朝向這條大道邁進中。所以現代化更是一種為追求生活美滿與永無止境的變遷過程。然而現代化的社會福利，無疑的乃是以促進社會每一分子都能充分享有「不虞匱乏」

的權利為目的。

丙、在目標上，要爲全人類擘劃：此一社會福利思想的政策導向，非僅為中國人而設計，還要為全人類所擘劃，而且經過近百年來之普及運動，以及半個世紀的經濟建設之快速成長，業經提供了實施「社會安全制度」之良好條件與深厚基礎。如果能以「天下為公」的社福思想架構，喚醒國人和世界人類的共識，必可開創中國社會福利的新典範，從而蔚為國際社會福利思潮的新主流。

二、建立中國式的福利張本

現代的「福利社會」（Welfare Society），既為今日世界各國所一致追求的目標，我們必須依據中國之社會文化背景與實際需要，建立一套適合於中國又有別於西方的「社會安全制度」之自我體系，當不難逐步促其實現。以下將就此一觀點，提出三大要領，以為規劃與執行之參考：

甲、以「均富說」作爲經社政策的平衡點：均富說，是我國大成至聖先師孔子為解決社會問題所秉持的思想理念。他曾強調：「丘也，聞有國有家者，不患寡而患不均，不患貧而患不安；蓋均無貧，和無寡，安無傾」。此說非僅高明深遠，且已演為世界潮流。故一個現代化的國家，其經社政策必然是平行的、並重的。過去為因應此一情勢發展，自民國四十二年（一九五三年）實施第一個四年經建計畫起，雖一直以經濟建設列於優先與首要地位，但從未忽略福利國家整體建設之一環。所以於執行該項政策時，又以解決「生產」問題之同時解決「分配」問題。因此，均富政策與經濟發展，便成為當前國家建設兩大重心。

在生產方面，是「實行工業化以求富」，在分配方面，是「實行社會化以求均」這就是過去在加速經濟發展過程中之同時致力於均富政策之推行的主要依據。

根據統計，至民國八十四年（一九九五年），國民平均所得已達一萬二千美元，從此乃使人民脫離貧窮痛苦而邁向富足境界。其次，便值得一提的，在一般社會大眾生活水準不斷提高之後，不但沒有因經濟快速成長擴大貧富之間的差距，反而隨所得增加而逐漸縮小。此在世界各開發中的國家之經濟發展史上，乃成為一種例外而極為突出的成就，因之國際人士每以「經濟奇蹟」予以評之者，其容或存有不解處，但實則皆為讚佩之論。

乙、以「中庸說」凝聚福利理念的共識觀：制定任何一種制度，過與不及均非善政，而確立社會福利體系，自亦不能例外。我們從西方社會福利發展史演進的歷程看，自德國於一八八三年創辦勞工疾病保險時起，即開始了歐洲「社會安全法」（Social Security Legislation）的先河，爾後由於不斷的擴大其領域，乃建立了「從搖籃到墳墓」全程照顧的完整體系。但問題也就由此而產生，這不僅影響就業意願，使勞動人口減少，而工資與產品成本相對提高，以削弱國際貿易競爭能力，而且造成稅賦銳減，導致財政收支難以平衡之困境。

在這種情形下，如採取抑制措施，又非現代化國家所應為。面對著如此進退兩難，過分或不及皆非善政所衍生的重大壓力，這在歐洲各國正廣泛引起反省與檢討，期能有所導正。而我國的社會福利尚在建制階段，各種福利設施與社會立法，正陸續擴充及制定之中，不得不特別加以慎重。所以有人說像歐洲那種過分的福利，非僅構成政府在財政上的「無底洞」，更無異是對勤儉者的一種虐待。我國的道家韓非早已有此論點，他說：「今上徵於富人，以布施於貧家，是奪力儉而侈惰也」，可謂言之真切。如能由「中庸」、而「中和」、而執「中道」，自必能為中國社會福利體系建立一個新的典範。

丙、以「共享說」達到合理分配的公平性：一個現代化的國家，其福利指標，必然隨著經濟發展而予以調整，將創造的利益，能為社會大眾所「共享」。根據英國當代社會政策大師馬歇爾博士（T.H. Marshall）的看法，他以為社會福利的主旨，是消滅貧窮，追求平等分配，增進全民福祉。後來此一主張，便被引用為「福利國家」施政目標。所以近年來，如何讓參與生產者的各個分子能平均分享到所創造的成果。我國儒家「均無貧」的思想，也就是秉持著這種「共享說」的論點，而其全部的規劃與設計，更是以全民福祉為前提，以整體利益為依歸，以合理分配為方法，俾能實現其創造的利益為全民所共享的「大同社會」。

三、跨向人性化的大同世界

中國社會福利思想淵源甚早，但進入目的意識時代真正提出具有一貫性的基本政策，而又能付諸實施者，已經是民國三十年代以後的事了。在此期間，有兩項重要法案先後制定頒布施行，即：一為「四大社政綱領」，另一則是「中華民國憲法」第十三章第四節「社會安全」條文。可是至目前為止，關於社會福利制度之規劃與建立，由於其涉及立法寬嚴之原則難以拿捏，故迄今尚在初步試行階段，並未作最後的定位。而同時為避免重蹈歐美過分福利所帶來的後遺症之覆轍，必須針對我國當前各項社會福利設施推行的實際狀況，從政策及制度等各個層面先行加以檢討與評估，然後再參酌西方各個福利國家長期發展所累積的經驗，就其利弊得失作為客觀的剖析，或可有助於我國社會福利之建制，找尋到一個切合中國需要的可行方案。

甲、調整我國現行的福利設施：我國現行的社會福利設施，是隨著民國四十年代開始進行「經濟建設計畫」逐步推展。最先是由社會救助肇其端，其次是從社會保險及職工福利等相繼舉辦。直至民國五十年代之際，由於世界潮流所趨，特制定「民生主義現階段社會政策」及「現階段社會建設綱領」作為準則，於是始廣泛推行各項福利措施之同時，而也積極規劃建制工作。到了民國六十年代時，由於經濟快速發展所導致的社會急速變遷與需要，乃分別訂頒「兒童福利法」、「老人福利法」、「殘障福利法」、「社會救助法」，以及「國民住宅條例」等多種社會福利法案。其後於民國七十年代期間，則又頒行「勞動基準法」、「職業訓練法」、「衛生保健法」及「少年福利法」等，使我國社會安全制度不僅有了一個完整的芻型，而且也逐漸朝向法制化的階段推進。照理應有相當的成就表現，但此際因受到歐美過分福利創痛的不良影響，致延宕推進速度與步伐，故又頻添了我國邁向全民福利及達成現代福利國家不少阻力。

此外，亦有人認為：社會福利是一項高投資低效益的長期社會事業，對於各個階段的政策與立法，以及其實施的效果，應有一套評估作業體系的設計，從其執行的過程中作不同的角度之預測與評斷，以為後續發展計畫指標。其間投入（Input）的成本，及運作時持續發展或調整產出（Output）的效益與回饋，透過嚴密的流程加以控制及紀錄分析，藉以達到數據化量度，將是建立我國社會福利制度所不可或缺的一環。但我國在此一方面，由於所作努力不夠，乃產生了許多缺失，尤其在福利設施上的一些不當架構，均須加以調整與補救。

一個福利國家，其制度的體系應是形成整個政策的重心，以及其福利範疇與社會立法。我國當前社會福利政策，係以憲法基本國策之「社會安全」章作為施政方針，對於全國人民必須做到：⑴維護其生存權，以滿足最低生活之水準；⑵保障其工作權，以促進有能力者之充分就業；⑶遵重其分配權，以達成均富政策之徹底實現；⑷提高其生活素質，以建設安和樂利之大同社會。其次，是以「社會福利政策綱領」為指導原則，實施就業安全、社會保險、福利服務、國民住宅、醫療保健及社區發展等項目，據以立法頒布執行，俾能逐步建立我國社會福利體制，以達到福利國家之要求。

按我國當前所推行的各項社會福利措施，多採單獨立法，是由不同的主管機關分別推動，而且這種立法方式復以缺乏相互間的關聯性，以致在適用上每有不協調或衝突的現象發生。以老人福利法規定老人扶養機構，與社會救助法規定對低收入老人由扶養機構收容為例，在本質上應均屬於福利機構，但因引用的法令不同，現仍稱為救濟機構，此其一。再如殘障福利法中規定對殘障者施予職業訓練，而在職業訓練法中又明定殘障者職業訓練事項，亦有待進一步的調整與統合，此其二。尤有進者，各項社會福利業務因分屬於不同機關掌理，其協調與聯繫，實難做到週延而不有所疏失，這更亟待作適度的整合，方能構成我國社會福利制度之完整體系，此其三也。

此外，就我國社會福利經費編列的情形而言，其雖已隨政府預算的增加而有逐步調整至合理幅度之趨向，但真正以社會福利項目支出者，根據統計，其平均則不到六％。尤其是近年以來，復因受到歐美國家過分福利支出導致財政困難的衝擊，於是政府部門對於社會福利經費預算，即未按一定的比例增列，顯屬偏低。

當然，社會福利的支出，應衡酌政府和社會的負擔，以不影響國家基本安全及其發展為前提。按我國的社會福利支出，歷年均在國民生產毛額的五％以下，尚不及歐美國家平均都在二〇%以上的四分之一，儘管歐美的國民稅負約佔國民生產毛額的五〇%，而我國僅為一九%，目前實無法向已開發的國家跟進。然社會福利既是以照顧全民生活和健康為首要目標，而於策劃與執行時，即不應持有保守的態度存在，更何況以我國當前所編列的福利預算，從現有的經濟力量觀之，絕不致影響到國家財政的程度，如能採取積極與生產性的福利服務措施，亦不會造成一般人的依賴心理。

再者，依我國過去對於社會福利經費的支出，由於在管理上缺乏嚴密的制度，顯然有些浪費的現象，尤以醫療費用的支付最為嚴重。今後應就此進一步研究改善，並發揮社會教育功能，俾能建立起「義務分擔」與「權利共享」的觀念，當可避免重蹈西方過分福利致國家財政困難之覆轍。

乙、記取歐美過分的福利政策：西方社會福利制度的建立，是經由研究與發展（Reserch and Development）而來。早期是從歷史觀點以實證及有機理論分析社會結構所產生的不穩定情境，需要以社會福利謀求解決。其主要學者有孔德（Auguste Comte）、斯賓塞（H. Spencer）、涂爾幹（Durkheim），及麥斯韋伯（Max Weber）等人。所以英國在一六〇一年頒布「濟貧法」，用以解決貧窮的社會問題。至十九世紀中葉，便以社會道德為出發點，經由簡單的社會調查揭露社會問題的嚴重性，乃透過社會救濟或慈善事業措施求其解決。

迨一九四〇年以後，英國大主教威廉鄧普（Archbishop William）著「公民與教徒」（Citizen and Churchman）時，則使用「福利國家」（Welfare State）一詞，而皮古（Auther Pigon）及霍伯森（John Hobson）在福利經濟學中亦用「福利國家」之名稱；此時的派深思（T. Parsons）卻又把「福利國家」納入社會學的研究領域中，後來再經笛姆斯（Richard H. Timuss）及馬歇爾（T.H. Marshall）等社會福利大師的闡揚，使社會福利已成為一種專門的學術研究（註五）。因之在歐美各民主國家中，最明顯的有德國俾斯麥（Bismarck）的「社會保險政策」（Social Insurance Policy），英國的「社會安全制度」（Social security System），以及美國詹森（Johnson）總統對貧窮作戰的「大社會」（Great Society）方案等，都是以社會福利的重要決策，並以社會立法作為解決社會問題的憑藉。

可是，由於福利經費支出過分膨脹，已達到令人難以承受的程度。根據統計顯示，自一九七〇年代開始，在西方即有許多國家社會福利費用，平均約為國內生產毛額的一九．三％，至一九八一年，平均提高到二八．五％。

社會福利經費是由政府財政支出，而政府財政則來自稅收，福利支出越多，人民的稅負也越重。尤其是到了一九八七年以後，英國則提高四三·四%，法國提高為四六·一%，義大利提高為三八·七%，荷蘭提高為五五·九%，西德提高為四四·六%，丹麥提高為五一·二%，由是以觀，則不難想見為支付龐大的福利費用所加諸於國民稅負是多麼沉重。

正因為社會福利支出不斷增加，乃造成歐美各先進福利國家在財政上的困擾，其原因固不止一端，但主要者不外：㈠是失業救濟所導致惡性循環。㈡是高齡人口逐漸增加的結果。㈢是免費醫療制度過分的浪費。

於是，近年來，一般有識之士，對於以往過分的福利發展，均主張應予加以限制。例如英國前首相柴契爾夫人曾一再提出呼籲，在現行社會福利政策下的給付太過於寬厚，業已逐漸損壞到國家的根基，應儘速研究改善。法國密特朗的社會主義政府，已強制縮減其社會福利計畫。而荷蘭並已決定削減所有的社會福利給付，其中並包括失業給付在內，其幅度約為全部給付額的百分之十到百分之十五。這是歐美各福利國家不得已所採取的抑制措施，在執行時雖遭遇到強烈的抗議，但亦是無可奈何之事。

而我國現行的社會福利措施，正在逐步加強與建立體制階段，比之歐美各國的過分福利，尚有一段相當的距離，並未發生因支出增多而加重人民稅賦至不堪負荷的程度，自不宜將正在成長中的福利制度過早抑制，不過我國目前在辦理中的各類社會保險，亦有採醫療費用全部免費制，根據統計資料顯示，已有趨向於浪費而影響到保險財務健全的危機。因之不少專家學者對於這種流弊，均主張應有部分自行分擔費用的規定。即所謂「享用者付費」，目前已形成共識。為期將來朝向全民保險發展，在建制時必須慎之於始，允宜從實證期間即應有完美的規劃。至於一般的社會福利設施，亦宜採避弊趨利的原則，妥慎研討，方能使民生主義社會福利政策徹底實現（註六）。所以我國的社會安全制度之體系，基本上必須以大同與共享為前提，但過與不及均非所宜，如能於融會貫通之後而予以中國化，自可建立起一套具有本土特色的完美制度。

丙、**開創大同共享的福利體系**：事實是不容否認，國父孫中山先生的思想與學說，尤其是他對於開創大同共享的福利社會，非僅是繼我大成至聖先師孔子而後的中國新文化，而且亦為世界人類所一致努力追求的終極目標；惟有開創博愛與共享的無我境界，才是符合人性化的一條通向世界大同之路。

至於進行的方法，則是以「社會保險」穩定國民收入及經濟安全，而使之不虞匱乏；以「公共救助」（亦稱社會救助或國民扶助）照顧一般處於不利之弱勢特定人口，使其能以過著國民正常生活；以「福利服務」達到老有所終、壯有所用、幼有所長，及矜寡孤獨廢疾者皆有所養之三大範疇，並透過「社區發展」結合民間機構組織力量及社會深厚資源，貢獻出人性至高無上的愛心，俾政府與民間共同努力，以促進福利國家之大同社會及早實現。其實施的過程：

子、以和平為基礎：根據人類歷史的發展，可以證明中國文化已成為時代思潮的主流，故其社會福利思想體系，自亦有其獨創的架構、目標與特色。國父孫中山先生對此處所說的「大同」一詞之詮釋，是一種無國境、無戰爭，而人人都享有平等的政治和經濟權利的共享世界；此亦即是孔子在禮運篇中所描繪的「大同社會」之理想情景。

中國文化，是以「仁」為中心，故其民族精神就是以和平為出發。孫中山先生說：「我們要將來能夠治國平天下，便先要恢復民族主義和民族地位，用固有的道德和平做基礎，去統一世界，成為一個大同之治，這便是我們四萬萬人的大責任」（註七）。當中國在恢復民族主義和民族地位以後，從而進一步實行「濟弱扶傾」

之道，實現世界各民族獨立自主，自可維持世界普遍而永久的和平。國與國之間，「講信修睦」，發揮國際公理與正義，即能阻止戰爭的發生，而進入各民族國家主權平等的大同世界。而在這個世界裡，是故「謀閉而不興，盜竊亂賊而不作」，這不就是「天下為公」的和平景象嗎。

世界和平既已實現，那麼國界是否存在？而中山先生以為將會在進化中自然泯除。他說：「近日社會學說雖大昌明，而國家界限尚嚴；國與國之間，不能無爭，道德家必願世界大同，永無戰爭之一日。我輩亦須有此心理，感受此學說，將來世界上總有和平之望，總有大同之一日，此吾人無窮之希望，最偉大之思想」（註八）。但如何泯除國界而進於大同？他又說：「現在世界文明未達極點，人類知識猶不免於幼稚，故以武裝求和平，強凌弱，大欺小之事，時有所聞。然使文明日進，知識日高，則必能推廣其博愛主義，使全世界合為一大國家，亦未可定」。故「蒙昧之世，小國林立，以千萬計，今則世界強國大國僅六七耳。由此安知此六七強國更進而成為世界唯一大國，此即所謂大同之世界也。雖然欲泯除國界而進大同，其道非易，必須人人尚道德、明公理，庶可致之」（註九）。不過，這不是先泯除國界，去實現世界大同；而是先要世界有普遍永久和平，然後方能在進化中自然泯除。他更認為欲打破舊世界，劃除一切煩惱，以求新世界之出現，則必有高尚思想與強毅能力，以為之先。故我國在數千年之前，孔子即說：「大道之行也，天下為公」，如此，「則人人不獨親其親，不獨子其子」；而「貨惡其棄於地也，不必藏於己，力惡其不出於身也，不必為己」，這就是大同社會之具體表現。

丑、以互助爲原則：禮運大同篇既有：「故人不獨親其親，不獨子其子，使老有所終，壯有所用，幼有所長，矜寡孤獨廢疾者皆有所養；男有分，女有歸」之云者，這是一個最理想的大同社會福利制度，　中山先生以為這種大同世界，是人類本於互助之原則進化而成。他說：「人類自入文明以後，則天性所趨，已莫之為而為，莫之致而致，向於互助之原則，以求達人類進化之目的矣。人類進化之目的為何？即孔子所謂『大道之行也，天下為公』，與耶穌所謂『爾旨得成，在地若天』，此人類所希望，化現在之痛苦世界，而為極樂之天堂是也」（註一〇）。人類進化到這種境界，只有相愛互助，沒有彼爭我奪。如此，「則人人不獨親其親，不獨子其子，是為大同，即所謂『天下為公』」；使老者有所養，壯者有所用，幼者有所教。孔子之理想世界真能實現，然後不見可欲，甲兵亦可以不用矣」。人類因能博愛互助，當可和諧共處，這自然就是一個「各盡所能」、「各取所需」，及「各得其所」、「各遂其生」的大同世界。

寅、以漸進為步驟：「大同社會」，或「世界大同」，是孫中山先生的終極理想，但此一崇高的境界，並非一蹴可成。然在進行的步驟上，必須先經過「小康」的階段，而後方能進於「大同」領域。從上述中山先生的觀點中，可知他是以漸進方式作為實行的步驟，而且是從個人、而國家、而世界，逐層向前推展。現任考試院院長邱創煥先生在其「社會福利與民主」一書中，曾闡釋云：「禮運篇大同社會，並不是我們一步就可以達到的。春秋公羊傳有『三世』之說：而禮運篇亦有『三世』之說。這三世就是我們要達到的大同社會之三個階段。公羊傳的『三世』：一是據亂世；二是昇平世；三是太平世。禮運篇所說的幽國、疵國、亂國，就是我們建設大同社會時，首先要削平的各種變亂，而削平變亂的階段，就是公羊傳所謂『據亂世』。我們削平了變亂之後，國家社會漸告安定，就是建設開始的階段，禮運篇把這一段叫做「『小康』，也就是公羊傳所謂『昇平世』。如果社會建設到達了最高理想，那就是禮運篇所謂『大同』，也就是公羊傳所謂『太平世』了。同時自可進一步實現禮運篇大同社會，以保障世界人類永久的自由、和平與福祉。」

設若人類社會能夠達到這種大同境界，則過分福利的弊端自可避免，而安和、樂利與共享的福利社會體系之大我境界，當可由此而實現（註一一）。

伍、結論

中國的社會福利思想，雖然早在先秦時代，即已有了「大同社會」的理想藍圖為之導向，但迄今仍未能徹底實現，其原因不外是由於歷代治亂興衰的起伏不定所使然。如欲就「禮運大同篇」的理想架構，建立一套完美而具有現代化的中國社會福利制度，則必須考慮到把「務本」、「突破」，與「整合」這三個環節相互之間的關係，緊密的結合起來，落實到「共享」的大前提之下，然後再依據中國社會文化背景，順應世界潮流，與社會實際需要，以「本土化」、「國際化」和「現代化」之三大原則，而作有系統的整體規劃，自可收事半功倍之效。

一、建立「本土化」的自我體制

此一前提，是屬於「務本」問題。因為任何事物，從未有無本源而能有所發展者。孔子說：「君子務本，本立而道生之」。設若只是一味崇洋，而惑於「外國的月亮是圓的」，那必然會失之所偏，則永遠跟在別人的後面打轉。

此處所謂的「務本」，並非食古不化、或堅持傳統，死抱著歷史文化的枯骨視為至寶，而是想把現代化世界進步的思潮，以及其學說事蹟使之「本土化」，藉以建立起自我的社會福利體制，如此才不失為正確的做法，同時也才能適應中國環境及社會需要。

二、融會「國際化」的科學精神

此一原則，是屬於「突破」問題。而突破應力求融會貫通，才能達到有效整合之目的。中國自「鴉片戰爭」失敗而使海禁大開以後，就中國歷史發展階段而言，已進入了近代歷程。此時「歐風西雨」不斷東漸，於是使朝野有識之士，對於世界上由進化所產生的新事物和新觀念，亦能有所採納而作選擇性的規撫。在社會福利方面，雖知其對改善民生的重要，惟當時滿清政府正處於內憂外患交相煎迫之際，實無力兼籌並顧，規劃推展。

當然，取資他人之長，固為促使進步的最佳途徑，但我們不能背其所本，就此「捨己耘人」而「數典忘祖」。所以在上述項目中，論及中國社會福利設施，「建立本土化的自我體制」，業經有所說明。此一前提，並非排斥外來思想，而是不同意有些人所主張的「全盤西化」論調。同樣的，我們也不贊成「堅持傳統」，說自己的瓜最甜，則使「閉關自守政策」復辟。

須知中國的學術思想，以正本清源著稱，而西方科學文明，則是以專精實用見長。如能將二者作有系統之整合，予以融會貫通，此對中國社會福利政策之形成，與其制度之建立，必裨益良多。果能依此而行，當不難由「本土化」而「國際化」，進而邁向「現代化」之境界。

三、創造「現代化」的福利社會

此一目標，是屬於「整合」問題。中國的社會福利設施，惟有將「本土化的自我體制」與「國際化的科學精神」加以整合，然後才能「創造現代的福利社會」。而這種由「務本」，經「突破」，到「整合」所規劃出來的社會福利制度，才是正確的，進步的；而同時也才能適合中國環境，解決社會問題，滿足全民需要。

不過，我們必須確認，即將到來的二十一世紀，更是一個充滿著挑戰的大時代，一個國家要有接受這種挑戰的能力，方不致為時代潮流所淹沒。就中國當前社會發展情形而言，由於經濟成長快速，已使原有的農業社會結構發生劇烈的變化。如果不思進步，而仍以昨日的舊經驗，用來處理今天的新事物，那只有使問題越演越趨嚴重。因此，政府有關當局與民間社福團體，均應面對此一新的情勢，分別就工業社會之技術文明、生產方式、人口分布、家庭組織、居住環境，以及社會行為標準等，據以探討其變化的過程和發展的實況，作為預測未來和研擬對策的資料，始能有效消弭由此所引發的各種社會問題。（註一二）

總之，如能充分掌握國內與國際社會發展的脈動，當不難塑造一個具有中國特色的社會福利制度之新典範（本文係本人於一九九六年五月間應北京大學邀請至該校發表專題演講時所寫）。

後記：本文所採取的有關參考資料：

一、陸曾禹輯：「康濟錄」，頁一，陽明山莊印行。
二、孫中山著：「民生主義」第一講，「國父全集」第一冊，頁一五七，中央文物供應社印行。
三、潘　皓著：「中國社會福利思想與制度」，頁四四二—四四八，台灣中華書局出版。

四、蔡宏昭著：「老人問題與老人政策」，「福利社會」雙月刊，頁一一——一二，台北市政府社會局印行。
五、詹火生著：「民生主義的社會安全制度」，頁三九—九〇，中央文物供社印行。
六、邱創煥著：「社會福利與民生」，頁七八一——七八七，民國七五年六月出版。
七、孫中山著：「民族主義」第六講，載「國父全集」第一冊，頁六四，中央文物供應社印行。
八、孫中山著：「學生以革命精神努力學問」，載「國父全集」第二冊，頁三三，中央文物供應社印行。
九、孫中山著：「五族協助以謀全世界人類之利益」載，「國父全集」第二冊，頁二五九，中央文物供應社印行。
一〇、孫中山著：「孫文學說」第四章，載「國父全集」第一冊，頁四五五，中央文物供應社印行。
一一、潘　皓著：同註三，頁四七〇—五〇〇，台灣中華書局出版。
一二、潘　皓著：同註三，頁二一——二八，台灣中華書局出版。

第五篇　是服務性的

主題：台灣地區社會福利服務實施概況

任何一種福利計畫或設施，不論是消耗性的抑或創造性的；是診治性的抑或發展性的，然皆是基於社會需要而提出者。所以，經由立法在建立制度的過程中，必須以前瞻性的視野，根據各方面的情況，審慎加以評估後，再予以付諸實施，才能充分而有效的發揮其應有的功能。否則，往往因千慮之一失，便會使之左右搖擺，陷於所謂的：「政策福利」，而非「福利政策」之困境。

壹、緒　言

近年以來，台灣社會在多元化發展的急遽變遷中；為因應各個弱勢族群之需求，自一九七三至一九八九年間，先後制訂了「兒童福利法」（一九七三）、「老人福利法」（一九八〇）、「殘障福利法」（一九八〇），現已改為「身心障礙者保護法」，以及「少年福利法」（一九八九），分別頒布實施。於是，使台灣社會福利服務，不僅有了法的依據，且在體制上亦具有相當的規模。

在上列四種社會福利服務中，有關「身心障礙者」之福利服務部份，已在本書第四篇第三節「論福利服務」中敘述甚評，為避免重複，在此不再介紹。

貳、以本土與務實為規劃內涵

現代世界各國，無不以建立「社會安全制度」（Social Security System）為標榜。而此一制度，雖以「社會保險」（Social Insurance）與「公共救助」（Public Assitance），亦稱「社會救助」，或「國民扶助」為主體，但「福利服務」（Welfare Services），尤屬不可或缺的一項重要措施。

有關福利服務對象，不限於一般貧民，而是以社會中某些具有特定性質的弱勢人口，並以其生活上各種需求，分別給予免費或優惠服務，使之克服經濟性以外的困難，藉以發揮其預防、保護，及重建等多種功能。其所涵蓋的服務範圍，包括兒童、少年、老人、及身心障礙者福利服務，其中並包括勞工、農漁民、婦女、及精神病患之福利服務等。

儘管社會是動態的，太陽底下沒有不變的事物，但人性與社會的需要，永遠與宇宙同在。是以我國儒家的仁愛學說思想，其所以歷久彌新，無疑的，乃是基於人性之「愛」而發為「關懷」社會為本位。故在先秦時代，即已具體的提出了「禮運大同篇」社會安全體系之崇高理想藍圖。此後經過近三千年的演進與傳播，終於凝成共識而匯為全人類之思想主流。這說明先哲們的高瞻遠矚，中華文化之深厚、博大、悠久無疆。當吾人據此引以為榮分享這份喜悅之餘，但也期盼主導規劃社會福利的有關當局，應及時敞開胸襟，放眼天下，至少也要讓每一個國民都能充份享有不虞匱乏的權利。

因此，要建立一套屬於中國的社會福利制度，就應該以中國環境與社會需要為依據。他山之石，雖可以攻錯，但絕不能用攝影的手法，以全盤抄錄他國的模式作為移植的張本。那非僅犯了「捨己耘人」及「數典忘祖」的錯誤，而且將會導致未來難以彌補的後遺症。此一前提，首先必須加以肯定者。

所以，吾人應予確認，中國就是中國，而中國五千年來的歷史文化，絕不可能在一日間，就會變成像其他任何一個先進「福利國家」（Welfare State）一樣。尤其是中國政治理念的特質，乃是由「人性」出發，並以「仁」與民本主義為核心，其所形成的優良傳統之社會倫理，亦有其不同的獨特性。故自古迄今，凡有關於各種社會問題，即為我歷代聖君及其政府當局所關注。

叁、將福利服務列爲施政重點

而同時，在第二次世界大戰結束之後，世界各民主國家，皆以追求「福利社會」（Welfare Society）中的「福利服務」列為其施政的重點；確認人民對社會福利的要求，乃是人類社會每一成員應享有的一種基本權利。是以規劃社會福利服務之有關設施，固須順應世界潮流，借鏡並世先進福利國家之經驗與實務，但也要依據中國社會文化背景，及衡酌國力所能負擔的程度，才能徹底而有效的執行，滿足那些具有特定性質的弱勢族群之需求。

而英國的社會福利觀，是「從搖籃到墳墓」的規劃，而中國則是以「幼有所長，壯有所用，老有所終；鰥寡孤獨廢疾者皆有所養」為福利服務範圍。中外說法雖有所不同，但在其意義上，卻有著異曲同工之妙。在另一方面，如「飢者有食，寒者有衣，病者有藥，死者有葬」，是以解決問題為目標。所謂「萬變不離其宗」，應以「正德、利用、原生」為內涵。倘能從兒童、少年、老人，以及身心障礙者之生長歷程與相關法規執行之，形成縱橫交錯的保護網，相信定可發揮社會福利服務應有的功效。

至於臺灣目前所規劃實施的福利服務項目，在本文論述的部份之一般運作的實況，至少應包括：

㈠在慈幼方面：有托嬰、托兒、寄養、領養，及保護等。

㈡在惠少方面：有就學、就業、就醫、輔導、更生保護，及康樂活動等。

㈢在敬老方面：有安養院、老人公寓、自費中心、在宅服務與居家照顧，以及文康中心等等。

一、先就慈幼保護言

台灣地區的十二歲以下的人口，約佔總人口數百分之二十一，是以服務與保護為中心任務。其中屬於「孤」的部份，又佔兒童總數百分之〇·七，所幸近年來已有遞減趨勢。不過站在社會工作的立場，那怕只有一個不幸的兒童，也不願樂見的。按不幸的兒童之需要，在於保護，而保護又以「家」為中心，只有家才能讓他沒有恐懼，不受欺凌。凡是沒有家的兒童，一定是積極的要為他營造一個家，使他擁有親情溫暖，而消極的也要做到疏忽的避免；虐待的防止；特別是對於因死亡、遺棄，離婚而失去父母，或單親家庭的孩子，更要給予關懷與照顧，監護人如有濫用親權，應予以停止或加以限制。

二、次就惠少措施言

在規劃上是從三個方面進行，第一、為預防性的：簡單的說，就是預防問題的發生，如就學、就業機會的開創，服務與休閒環境的淨化。第二、為補償性的；是在問題發生之後的彌補，如保護、輔導措施的落實、生活與醫療需求的滿足。第三，為加強性的：是將福利服務品質的提昇，如強化機構網絡的架構，充實從業人員專業知識。其間並涵蓋相關部會的權責劃分，措施的內容，以為規劃社政體系在少年福利服務推動上，一方面以善盡本身權責之義務，一方面以預留配合相關單位之管道構思方向，這可說是對少年福利服務的一種前瞻性的策略。

三、再就敬老服務言

由於科技與醫學進步，使人的壽命普遍獲得延長。因為，「人生七十古來稀」之說已被否定，而改以「人生七十才開始」作為代替。台灣目前六十五歲以上的人口，據統計已佔總人口數百分之八．〇一，他們都在福利服務的政策之下，過著悠閒自在的生活。這其中獨居者又佔老人百分之二十。彼等有無再婚意願，或順其自然以求之，均屬可遇而不可求之事。但社政單位與民間團體設有詢諮服務中心，而且也經常舉辦單身男女老人團體活動，就其個人自我意願而從旁協助，也不失為一種成人之美的佳話。甚之對住在仁愛之家的長者，因兩情相悅，相依為命，亦採祝賀與支持之意。另外，對於結婚五十年，則舉辦「金婚之慶」，近年來已蔚為縣市敬老措施與服務的風尚。至於讓長者「有所健」、「有所為」、「有所安」、「有所樂」，以品嚐人生的樂趣，亦成為對老人福利服務運動的重點。

凡事「豫則立，不豫則廢」，社會福利服務亦然。其規劃與執行，絕不只是對生、老、病、死、苦、難等問題的解決，或衣、食、住、行、育、樂的滿足，而是在提昇生活品質之餘，將這項措施融入國家整體建設之內，使得社會福利的效益，為明日安和樂利的社會奠下宏基。倘若抱著「船到橋頭自然直」的心態，日後必然會為今天的因循與保守，而付出不可估算的代價。

有人說：創造「均富」，才是社會福利服務最佳設施。近半個世紀以來，台灣在此一方面的努力，可以說已獲得不少的成就，但不可諱言的，卻也因此帶來了許多負面的影響。其原因，是在創造均富的過程中，只是凝聚眾力為重點，而未能匯及萬殊為整體，明白點的說，就是「經濟發展」與「社會建設」的不平衡，乃是導致問題產生的關鍵所在。這對國家社會而言，是值得深思的。

肆、分析與展望

綜合以上所述，臺灣在「光復」後近半個世紀中，由於經濟發展快速，於是使農業社會逐漸轉變為工商業社會，加之教育普及，提高了國民就業能力，婦女們亦紛紛走出廚房，投入各種行業從事工作，連帶的也促成了大家庭式微，讓原有由家庭照顧的兒童，青少年，身心障礙者，以及老人問題，現在均仰賴政府與民間共同來負起這些服務的責任。茲就台灣所規劃與實施的有關兒童、少年、及老人福利服務運作概況，分別加以分析與展望於後。

一、兒童福利服務

兒童是民族的幼苗，國家未來的主人翁，所以古今中外，對於兒童的關愛、保護與培育，無不極表重現。尤其是聯合國，本於促成兒童能有個快樂的童年，協助其自身前途及社會利益而享有的應有之權利與自由，特提出「童兒權利宣言」（Chidren Rights Declaration），其中強調不因本人或其家庭之種族、膚色、語言、宗教而受到任何歧視，應以法律及其他方法，給予特別保護，而要求各國依此規劃施行。因此，台灣的兒童福利服務工作，亦即由是而產生。

所謂兒童福利，簡言之，就是為兒童所提供的福利服務，也是所有兒童應享有的一種基本權利。當前台灣地區兒童福利服務的措施，是以維護兒童身心健康，促進兒童正常成長與發展為主旨。對於兒童的關愛，可以說已做到無所不包的地步。

㈠**從兒童福利服務項目分**——是以保障兒童權益為依歸。積極方面，在培兒童健全的人格，及維護其溫馨安全成長的環境。消極方面，在保護不幸兒童之基本生活，並給予適當之照顧。讓他們都能在享有親職教育，家庭溫情，政府職能，與結合並運用民間力量，興辦兒童福利事業，以謀取兒童福祉為前提的政策之上，獲得圓滿的解決，而達到福利服務之目的。

㈡從兒童福利服務對象分——是以關愛作為保護的堅持。其中不管是一般兒童、特殊兒童、或不幸兒童都能在溫暖家庭中成長，享有同樣的發展機會，使所有兒童均能在父母的呵護下，不愁衣食、排除疾病，免受社會惡習沾染。倘有遭受不幸，需要指導、管教、保護、或身心矯治與殘障重建者，各級政府及有關公私立機構、團體，應協助其父母、養父母、或監護人，提供社會服務與措施。對於因家庭發生重大變故，致無法正常生活於其家庭者，而由主管機關安置之。待其家庭情況有所改善，被安置之兒童，仍得返回其家庭，以享有其家庭之溫暖。

㈢從兒童福利服務內涵分——是以因應需要為規劃前提。析言之，約可分為補助性的服務，支持性的服務，及代替性的服務。但是，最重要的，還是在能因時應勢提出具體措施。其基本的取向，是奠基於家庭，推行於托兒所與社區，落實於整體社會。同時，對於經費籌措，人員編制，責任申報及機構標準，皆應有明文規定。如是，才能使執行者依據有法，推展時著力有支點。

以下特再就台灣目前對兒童福利服務各種規劃與措施，作簡要分析於後：

1. **托嬰服務**：托嬰服務，是對新生兒童至兩歲，未上托兒所以前的幼兒照顧，以採取個別或家庭式的服務。對於保姆的資格、訓練、以及照顧的人數，均有所規定，並依法核發執照。

2.**托兒服務**：是對二歲以上至六歲學齡前的兒童照顧，這個年齡層的兒童，係在托兒所或幼稚園接受保育或學前教育。此項服務業務、自一九四九年以來，由於台灣的經濟繁榮，社會進步，國民生活水準不斷提高，強化了婦女就業的意願，於是托兒的需求，乃日益迫切。這時，所有機關、學校、公司、工廠、礦場，皆自行附設托兒所，甚至農村也創設了農忙時的托兒所等。而且，為配合職業婦女的需要，還可延長受托時間。

3.**課後服務**：在六歲以上至十二歲的國小兒童，於課後亦規劃有照顧的服務。可是，在此一階段的兒童，雖然已能自行處理身邊的一些事務，但這時是他們社會化的重要階段，同時也是建立道德觀念的重要階段，所以此項福利服務，以兼顧保育與教育為前提。因此，對於那些以才藝或課業輔導為主的安親班管理與考核，規定特別嚴格。

4.**臨時服務**：這是為方便家庭主婦臨時外出購物，或參加社交活動而需要寄托幼兒的一種臨時性的措施。其做法，是先儲備臨時托兒的服務人員，然後透過福利服務中心受理登記或介紹的方式，在托兒所等相關兒童福利機構擔任臨時托兒服務工作，甚至亦可採取到府方式為之照顧。此一福利服務的事項，頗有推廣的價值。

5.**救助服務**：這是政府對於貧困家庭、失依及身心障礙兒童所作的一項福利服務。其實行的辦法，或給予現金救助，或設置育幼院所以收容教養。此外，尚有對貧困家庭子女的助學金、疾病免費醫療，嬰或幼兒營養品的提供，雖亦可接受醫療補助，但一般家庭的兒童，倘患有重病，所需醫療費用，每成為其無法負擔的難題。因此，特再試辦作為病童醫療補助措施，藉以加強對一般兒童之照顧。

6.**收容服務**：目前台灣地區共有公私立育幼院四十餘所，以過去所收容的十五歲以下身心健全之失依兒童，因近年經濟發展迅速，國民所得提高，需要收容安置之孤兒、棄嬰與貧困兒童，也有逐漸減緩之趨勢。所以政府除輔導育幼機構之一般運作外，並協助其辦理兒童保護工作，朝向多元化經營，以提供社區所需之兒童福利，及親職教育等活動。

7.**保養服務**：這是專為身心障礙者而設。殘障兒童教養院，主要在使身心殘障之兒童獲得適當的保育與教養，以達到「廢疾者皆有所養」之目的。目前政府在對殘障兒童之收托與養護方面，如因家人無法照料之中、重度殘障兒童，則依其狀況與需要輔導至公私立殘障教養機構，給予以適當之養護。對於一些無法進入特殊學校，或特殊班級就讀之殘障兒童，便以托育方式，委由教養機構輔導其接受生活自理訓練，及特殊教育訓練等。

8.親職服務：是協助親職的托育服務，由於近年來工商業發達，改變了家庭結構，同時也促使了婦女就業人口的增加，是以該項福利服務工作，更加顯得重要。按目前台灣托兒所的型態，可分為一般托兒所與村里托兒所兩大類，所收托的兒童，是由出生滿一月至六歲，但為因應實際需求，政府亦積極輔導民間團體與社區辦理親職托育工作，將收托的福利服務，由出生延伸至八歲之兒童，這可以說是因時應勢的一項最具體的做法。

二、少年福利服務

關於少年的福利服務工作，最主要的任務，就是要為他們的青春，塗上一層閃亮發光的瑰麗色彩。因為他們的熱情與正義感，是促進社會進步的動力，開創與建設國家的豐沛資源。然而，隨著工業化及自動化的來臨，必須了解當今少年，於享受充分的物質文明之後，外受大環境的衝擊，內值個人身心變化最劇烈之時，如果不能適時給予其情緒的疏導，問題的解決，勢必會引發他們在適應上的困難，或造成行為上的偏差。

因為少年在其未來的一生中，其得失成敗的關鍵，多半是種因於家庭，表徵於學校，顯現於社會。是以負有綜纜全局的政府，必須扮演關懷與輔導兼備的雙重角色，以保護所有少年，在「明其所需，知其所愛」的大前提之下，透過家庭、學校、社會、運用人際融洽，團體動力，及社區活動等不同方式，落實推展，藉以培養其人格，發展其才能，為青春塗光彩、讓少年不留白，並以專業精神引導其規劃於未來，應是少年福利服務最主要的課題。根據各方面的意見，其重點，不外以下各端：

㈠**設置服務中心**：由於少年生理與心理發展迅速，且有著高度的學習能力，此時家庭若加諸其過度的期待，或不適當的指責，往往會導致感染不良習性的危機。為提供少年諮詢輔導與急難救助等綜合性的福利服務，內政部特補助省、市政府在各地普遍設置少年福利服務中心，從事少年心理輔導與各種諮詢的服務工作，以解決其心理與情緒上的困擾，而同時接受辦理少年急難救助及就學、就業、及就醫等之服務。

另外，由於五光十色，千奇百怪的社會現象，混淆了少年的價值觀，同時也破壞了傳統的人際交往倫理；再加上理想遭到波折，即會導致其沉默內向，如懶散、自卑、恐懼、依賴、及悲觀；相反的，甚至會狂野、誇大、批評、抗拒，及急躁等。如不能以瞭解與接納的態度給予關懷，就無法協助其從內心自我衝突的困境中解脫出來。是以應開闢各種諮詢專線，或運用面對面的諮商技巧，以幫助其渡過這狂飆的時代。

㈡建立保護網路：少年保護的架構，應以三度空間的點、線、面的網路組成。因為少年遭逢虐待、疏忽，或被強迫與引誘，從事不正當的職業或行為，如賣淫以及有營業性之猥褻等不幸情境。為發抒其情緒，或以違反少年事件處理法令的姿態呈現；為尋求其脫困，或以表徵於社會救助法等相關法令的範疇；或以隱身於陰暗，盡皆不能規範與協助其於任何法規之內。是以為讓不幸少年盡皆能涵蓋於社會之支持體系，結合救援、安置，及輔導等各機關、機構、而架為保護網路，給予其適切的協助。

更重要的是，為加強對少年之保護，應以防範少年遭受迫害之發生，以及對事發之後的補救。因此，各級政府皆應依據「少年福利法」及相關法令，廣為宣導少年保護觀念，以落實少年保護服務工作。一方面受理少年被虐待、疏忽、遺棄、押賣、強迫或引誘從不正常之職業或行為等個案之告發，另一方面也可藉此處理一般性保護諮詢服務，辦理相關少年輔導、轉介、緊急庇護、寄養、安置、及訴訟等，以協助少年及早脫離困境。

㈢**落實預防措施**：由於少年的思慮未臻成熟，往往因行為的差歧，而造成犯罪或虞犯的事實。雖然刑事政策，已逐漸由消極的懲罰趨向於積極的預防，旨在輔導少年變化氣質，塑造其正確的人生觀，重新適應社會正常生活，故有少年觀護制度及少年輔導委員會的設置，但其功能的發揮，仍有賴家庭、學校、社會、及法務整體的配合。所以提供少年改變外在環境的溫馨場所，予以適切的社區規劃，應為必要之舉。

同時，為使逃學、離家之少年，或遭遇家庭暴力之少女們，能獲得物質與精神上之支持，並予其短期的住宿及照顧，乃設置「青少年之家」，或稱「中途之家」。此不僅可以免除其被不肖之徒拐騙，走入歧途，而且還可藉機提供心理輔導，這對少年權益的維護，不無幫助。尤有進者，對於一些離開監獄或輔育院的青少年，應透過「更生保護會」，協助其重建人生，自立自強，以免再有犯行。必要時可予其以急難救助、醫療救助、就學獎助，及就業服務等。特別是要運用社區社會工作員或心理輔導人員，提供輔導服務，使其能調適生活方式及工作環境，以及人際關係，讓社會能接納他們，也是一種補助性的預防工作重點項目之一。

㈣提倡休閒文化：少年因有著好奇與冒險的心理，帶領他們提早體驗成人社會的迷思；而現代的商業行為，則是以謀取利益為優先。如何在少年心智未臻成熟之前，保護其身心健全發展？除加強父母對子女的責任感之外，就只能期盼業者的守法精神。為免少年誤陷聲色場所，稽查取締工作乃為必要的措施，但在人員不足力有未逮的情況之下，鼓勵民間對危害少年身心健康行為的檢舉。為維護少年生活環境的純淨，惟有另謀代替方案，作為彌補措施。

因此，應針對少年好奇與愛動的天性，提倡多采多姿的休閒文化，以轉移其活動場所。而且休閒與少年人格發展，有其直接與間接不可分的關係，就其積極意義對少年個人而言，可以促進其生理機能健康，鬆弛其緊張情緒，擴展其生活經驗，及培養其社會智慧等。是以協調社區內相關部門，運用其可以運用的支持力量與有關資源，以開拓動態與靜態多樣休閒方式，提供多樣休閒文化服務，尤屬必要。

三、老人福利服務

在前面我們已經提過，近半個世紀以來，由於醫學及科技進步，營養與衛生改善，使人類壽命普遍延長，使老年人口便隨之急劇增加，且已成為本世紀末的社會發展共同趨勢。

台灣地區在一九四六年，六十五歲以上的人口只有十五萬五千二百人，佔當時總人口的百分之二，到了一九八六年，六十五歲以上的人口增為九十八萬一千人，佔總人口的百分之五，四，十年來已增加六、七倍。到了一九九三年，六十五歲以上的人口增為一百四十八萬五千人，佔總人口的百分之七．一，已達聯合國所定之高齡化社會標準。但到了一九九六年，六十五歲以上的人口則增為一百六十三人，已佔總人口數的百分之八．〇一，而同時由於人口出生率的降低，其增加速度，將更為快速。因此，必須做到：

㈠**以安養爲前提**：因此，將如何面對這種情形，整體規劃老人福利服務措施，明確指出政府與民間相互配合及努力的方向，滿足老人各項福利需求，以及因應伴隨高齡化社會所衍生的老人問題？如安養、療養及福利服務、與健康居住等各種計畫，亦越感迫切與重要。

綜觀世界人口的發展趨勢，越是現代化的國家，越快達到高齡化的社會。以美國為例，一九〇〇年，六十五歲以上的人口僅有百分之四·一，但到了一九九〇年，卻躍昇為百分之一二·五，最為明顯。

老人數量的增多，那怕僅從一個最單純的量的角度去看，就牽涉到：⑴居住問題。⑵生活問題。⑶休閒問題。更重要的是，由量便會牽到質的問題。像居住，他和誰住、住在哪裡？是家庭還是機構？如果是家庭，二代或三代間的代溝又怎樣撫平？其次是生活，卻又因體力衰弱，知識停滯，如何獲得適當收入？可是一個必然的現象就是病痛，誰來照顧，醫療費用又由誰來支付？至於休閒，又如何根據自己的喜愛，去善加打發時間？這都需要作整體性的規劃，才能使老人福利服務，充份發揮其應有的功能。

㈡以敬長爲風尚：儘管，當前台灣地區的老人福利服務之有關設施，從政策、立法，到各種制度的建立，可以說已經趨於完備。但如何以策略來面對問題的挑戰，就必須考量怎樣促使政府和民間合作來開拓廣度，以實際需要決定措施而達到精度，使老人福利不侷限於傳統的：「飢有食、寒有衣、病有藥、死有葬」的窠臼，應進而促進生命情趣，提昇生活品味，一方面在本質上，必須發揚敬老尊長的倫理，除去來自血緣的家屬親情關係而外，還要在社會上，藉著鼓勵來促使尊老敬長的風尚，以形成充份被接納的社會價值觀，將「老吾老」推展到「以及人之老」。讓其超越血緣，在理性與正義的前提下，邁向地緣和職緣關係。連帶的，在敬人之老之餘，來使吾人獲得更多尊敬。

在另一方面，政府當前對老人所規劃的福利服務措施，是自助、預防、復健三者兼有，並包括安養、扶養、托養、療養，以及文康活動等。這也可以說是以創造動力作為福利服務的張本。至於社區照顧，是將傳統對老人服務的不足，改為走在需要之前。根據最近一項調查研究的結果，發現當前台灣地區老人的需求，共有四項：⑴經濟的需求。⑵醫療的需求。⑶服務的需求。⑷社會活動的需求。但在實際運作規劃時，更應以各個前提作為優先考量：

㈢**以政府爲主導**：老人福利的基本要求，是經濟安全、健康保持、康樂休閒，及生活知識。這些實際的擁有，乃是取決於年金保障，全民健保、文康中心，及老人大學等。此皆以仰賴政府機構為主導，鼓勵民間參與，則可收事半功倍之效。全民健保既可免費為老人治療，而政府文康中心，亦可採重點式的活動。民間社區的松柏俱樂部，依附在寺廟等處的老人康樂組織，容或在設備上未盡完美，但人際的親切，與前者相較亦並不遜色。至於老人大學，及民間社團的服務等，相信更加廣泛而深入。

㈣以補助爲方法：依照政府預算制度，可以說謹慎有餘，迅捷不足。而創設機構，又恐員額膨脹，負荷更多人事費用而受限。因此，應可改採美、澳等國的政策，由政府對各類老人機構明定設置標準，凡法人立案機構，願參照政府標準與收費者，均可予以百分之七十以上的建築補助費，以鼓勵民間設置更多的老人相關機構，來因應實際需要，政府還可以將低收入的老人委託其安養。或許這種做法，似有對民間機構過於偏愛，但實際只是以一部份經費的投入，而發揮整體的功效，同時也可讓更多有意參與社會服務的人，以展其抱負與心願。

㈤以年金爲保障：依據國際勞工組織的解釋，年金係指社會安全制度中被保人遭遇老年、殘廢及死亡事故時所支付長期性定期現金給付。凡藉薪資來維生者，一旦年老退休，即可繼續在年金制度照顧下，不會發生經濟匱乏的窘境。以往在沒有退休金固然會發生經濟上的問題，而一次發給的退休金，如處理不善或不當，同樣的也會發生被騙或虧損的情形，使生活費用無著，故退休年金制度，宜及早實施，以保障老年人的生活，而消除其在經濟上的匱乏。

㈥以專業爲核心：各類老人團體，本其創設宗旨，各司其職，應可在增進情趣，提昇生活品質的前提之下，達到殊途同歸之效。尤有進者，如能以高素質的工作員為核心，透過有熱誠、具知能、奠守則、擁證照的專業社會工作者，並採用研究、計畫、執行、評鑑的程序，循個案管理、方法技巧、激勵改革，考核追蹤，來作日新又新的改進，以邁向老人安養機構的專業化。但是，他必須以社工專業為前提。而現在「社會工作師法」已頒布，深信只要假以時日，此一專業制度，必可日益精實。

㈦以照顧爲首要：再者，面對高齡化社會的來臨，對解決老人問題，亦列為施政重點之一。所以最近曾邀集地方政府會商謀求有效服務辦法，決定全面推展老人居家服務，最起碼要做到六十五歲以上乏人扶養的低收入戶老人及身心障礙老人的照顧。他們只要向當地的老人服務專線求助，即可獲得免費的日常生活輔助；其對象亦將逐漸擴及到中低收入戶的老人。此外，為使經濟情況較佳者，能自費享有居家護理的老人，現已完成「老人福利機構設置標準」，民間將可申請設立老人居家服務中心，以優惠收費辦法到家照顧老人日常生活。其服務的項目計有：㈠生活照顧：包括家務料理，日常生活照顧，陪同或代購必需用品，與就醫或聯絡醫療機構，及至法律諮詢等。(二)身體照顧：如協助沐浴、換穿衣服，進食或使用日常生活所需輔助器材等。

個人以為，對老人服務，必須找出老人生活問題的根源在那裡？他們所希望的與其所需求的是什麼？才是問題關鍵的所在。當一個人進入老年期，他除須面對生活與心理功能的衰退，薪資與收入的減少，社會角色的變化，以及其個人權利與資源萎縮等外在因素相應的衝擊外，更嚴苛的是，即是構成了對其生活信心的挑戰。當然，其間經濟問題，也是一項重要因素，但這並非他惟一的需求。於是在他的內心世界，尤其怕人把他看成是家庭的拖累，或社會的廢物。

(八)以需求爲歸趨：所以，社會學家曾經指出，關於人的需求，並不能以物質或金錢的給予，就能使其滿足。由是以觀，如將老人安全問題，被視為保險機構的一種責任，必會導致家庭功能的失衡，使老年人憂鬱以終，成為人世間的一項可悲的結局。根據台灣省社會處最近一次最新的調查，約有百分之七十四在五十歲以上剛進入老年階段的準老年人，都希望將來能與他的子女同住。而過去與現在所規劃的對老人安養制度性的協助，固可填補一般老人在經濟生活上安全的需要與醫療的照護，卻無法滿足其在精神生活上重拾往日那種尊嚴。此時，惟有其家人和親情的關懷與慰藉，才是協助其撤除心理障礙，讓他感受到在家中有地位，在社會上受尊敬的人性之昂然；同時，也惟有如斯，方能使政府所規劃的福利機制與照護老人的政策，真正落實生效，以發揮其關鍵性的力量。

所謂「老有所終」這奠基於有情社會中的一項為老人所設想的政策，遠在先秦時代即已提出，而且被視為一種當然之事。可是在現代的社會裡。由於環境變遷，及人文精神式微之後，面臨多重挑戰。但是，事在人為，只要政府有決心，針對需要建立起一套為老人福利服務的良好制度，除給予老人以基本的保障外，如其子女能以親情的關懷與慰藉，自可使所有的老人振奮其情緒，重拾其信心，有尊嚴的以享受其過去為國家社會所奉獻的成果。捨此，恐怕再好的設計，也無法獲得其圓滿的解決。

伍、結論

總之，臺灣的社會福利服務，雖未做到盡善盡美，但已匯集一切力量及專業知識為之規劃，且經分別立法，建立制度，付諸實施，並不斷因時應勢力求改進，企盼能做到以下各點。

一、在慈幼的關愛上

既要關心一般兒童，更要保護不幸兒童，這是國家對兒童福利服務不變的政策。因此，在執行此一政策時，必須給予他們以溫馨的家，親職的愛，快樂的童年，以及正常成長與發展的生活環境。

二、在惠少的措施上

能為他們的就學、就業、生涯規劃、及保護、輔導，乃至重建等，扮演一個更能為他們的青春塗上瑰麗光彩的角色，使之順暢而安全的跨越狂飆時代的危險期，而走向成功之路。

三、在敬老的照顧上

以多樣化的設計，除給予他們不虞匱乏的基本權利，及妥適安養而外，並應透過其子女親情的慰藉，社區的文康活動等。讓他們感受到家庭有溫暖，社會有情意，即令是黃昏終於來臨，也定會散發彩霞滿天，令人欣賞。

願海峽兩岸從事社會福利工作的學者及專家們，藉著學術交流，攜手合作，為做好社會福利服務工作，而共同努力以赴（本文係本人於一九九八年應上海復旦大學邀請至該校發表專演講時所寫）。

後記：本文所採取的參考資料：

一、蔡漢賢者：社會福利十二講。

二、潘　皓著：中國社會福利思想與制度。

三、鄭淑燕著：關愛就是情、保護就是愛（兒童福利政策與措施的發展取向）。

四、吳　安著：少年福利工作的省思與前瞻。

五、李鍾元著：台灣地區兒童及少年福利服務現況與展望。

六、內政部編：台灣地區老人福利機構需求概況調查報告。

第六篇　是福利性的

主題：高齡化社會對老人福利服務之探討

任何一種福利計畫或設施，不論是消耗性，或創造性的；不論是診治性，或發展性的，然皆基於社會需要所提出者。因此，經由立法，在建立制度的過程中，必須要有前瞻性的視野。根據各方面實際情況及執行能力，審慎加以評估後，再予付諸實施，才能充份而有效的發揮其應有之功能。否則，往往因千慮之一失，便會使之左右搖擺，陷於所謂的：「政策福利」，而非「福利政策」之困境。

壹、前言

近半個世紀以來，在台灣這塊樂土上，由於科技與醫學的進步，環境與衛生的改善，使人的壽命普遍獲得延長，而老年人口便隨之急遽增加，且已成為未來的社會發展趨勢，因而「人生七十古來稀」之說，已被否定。

根據統計資料顯示，台灣在一九四六年，六十五歲以上的人口是十五萬五千二百人，佔總人口數的百分之二。到了一九八六年，六十五歲以上的人口，便增為九十八萬一千人，佔總人口數的百分之五。四十年來，已增加六、七倍。到了一九九三年，六十五歲以上的人口，更增加為一百四十八萬五千人，佔總人口數的百分之七．一，已達「世界衛生組織」（WHO）所謂的「高齡化社會」（Aged Society）。但到了一九九六年，六十五歲以上的人口，則增為一百六十九萬一千六百零八人，佔總人口數的八．〇一。而同時由於人口出生率的降低，相對的使老年人口增加速度，將更為快速，因而老人問題，亦將日趨嚴重。

因此，政府對老人的福利服務，應列為施政重點之一。遺憾的是，最近竟有多起獨居老人死亡多時才被發現的慘劇，讓國人不得不正視此一問題的嚴重性。大家都很清楚，建立「社會安全制度」（Social Security Systems），是我國憲法所規定的基本國策，而「老人福利法」早於一九八〇年即已制定，至去年六月，為應因事實需要，重行加以修訂公布實施。希望政府主管單位，能加強推動老人居家護理、日間照顧與在宅服務等工作。但是，不可思議的是，根據一項問卷調查報告，目前仍有六成左右的老人不瞭解此項措施，九成以上日常活動存有功能性障礙的老人，從沒有使用過這些服務設施，這顯示老人福利服務政策的推動，既沒有落實去解決問題，而且更存有不少的盲點。

貳、老人所需要的是什麼

面對這種情形，政府將如何作整體規劃老人福利服務與相關措施，並明確指出政府和民間相互配合及共同努力的方向，以滿足老人各項福利需求？同時，為因應伴隨高齡化社會所衍生的老人問題：如安養、療養、福利、健康，以及居住等各種福利服務計畫，亦愈感迫切與重要。

一、居住的安排

台灣高齡化的社會既已形成，那怕是僅從一個最單純的「量」的角度去看，就牽涉到居住、生活，及休閒等諸多問題。更重要的是，由量便會牽涉到「質」的問題，像居住，他和誰住；住在那裡？是家庭還是機構？如果是家庭，二代或三代間的代溝又怎麼的撫平？其次是生活，卻又因體力衰弱，知識停滯，收入減少，可是一個必然的現象就是病痛，誰來照顧；醫療費用又由誰來支付？至於休閒，又如何依據自己的喜愛，去善加打發時間？這些都需要作整體性的規劃，才能使老人福利服務，充份發揮其應有的功能。

儘管，當前台灣的老人福利服務之有關設施，從政策、立法、到各種制度的建立，可以說已經趨於完備。但如何以策略來面對問題的挑戰？就必須考量怎樣促使政府和民間來開拓「廣度」，以實際需要決定措施而達到「精度」，使老人福利不侷限於傳統的窠臼，應進而促進其生命的情趣，提昇其生活的品味。換句話說，老人所需要的，並非只是物質，基本上必須發揚敬老尊長的倫理，除去來自血緣的家屬親情關係而外，還要在社會上藉鼓勵來促使尊老敬長的風尚，以形成充份被接納的社會價值觀，將老吾老推展到以及人之老，讓其超越血緣，在理性與正義的前提下，邁向地緣與職緣關係；連帶的，在敬人之老之餘，來使老人獲得更多的尊敬。

二、尊嚴的維護

所以，政府目前正在積極研訂：「社會福利基本法」，將以整體規範社會福利政策。往後更將本著促進社會和諧與人格尊嚴的原則，循序建立一套完善的社會安全制度。在老人福利方面，除加強推動已有的「社會救助」及「社會保險」而外，亦將隨之以多元化的設計展開「福利服務」（Social Service）；而且最近曾邀集地方政府會商謀求建立有效服務辦法，決定全面推展老人居家服務，起碼要做到六十五歲以上乏人扶養的低收入戶老人及身心障礙老人的照顧。他們只要向當地老人服務專線求助，即可獲得免費的日常生活輔助；其對象亦將逐漸擴及到中低收入戶的老人。此外，為使經濟情況較佳，能自費享有居家護理的老人，現已完成「老人福利機構設置標準」，民間將可申請設立老人居家服務中心，以優惠收費辦法到家照顧老人日常生活。其服務的項目計有：㈠生活照顧：包括家務料理，日常生活照顧，陪同或代購必需用品，與就醫或聯絡醫療機構，乃至法律諮詢等。㈡身體照顧：如協助沐浴、換穿衣服，進食或使用日常生活所需輔助器材等。

我們認為，對老人福利服務，必須找出老人生活問題的根源在那裡？他們所希望的與其所需求的是什麼？才是問題關鍵的所在。當一個人進入老年期，他除了須面對生活與心理功能的衰退，薪資與收入的減少，社會角色的變化，以及其個人權利與資源萎縮等外在因素相應的衝擊外，更嚴苛的是，即是構成了對其生活信心的挑戰。當然，其間經濟問題，也是一項重要因素，但這並非他惟一的需求。於是在他的內心世界，尤其怕人把他看成是家庭的拖累，或社會的廢物。

三、親情的關懷

社會學家曾經指出，關於人的需求，並不能以物質或金錢的給予，就能使其滿足。由是以觀，如將老人安養問題，被視為保險機構的一種責任，必會導致家庭功能的失衡，使老年人憂鬱以終，將成為人世間的一項可悲的結局。根據台灣省社會處最近一次最新的調查，約有百分之七十四的五十歲以上剛進入老年階段的準老年人，都希望將來能與他的子女同住。而政府過去與現在所規劃對老人安養制度性的協助，固可填補一般老人在經濟生活上安全的需要與醫療的照護，卻無法滿足其在精神生活上重拾往日那種尊嚴。此時，惟有其家人和親情的關懷與慰藉，才是協助其撤除心理障礙，讓他感受到在家中有地位，在社會上受到尊敬的人性之昂然；同時，也惟有如斯，方能使政府所規劃的福利機制與照護老人的政策，真正落實生效，以發揮其關鍵性的力量。

叁、規劃與展望

台灣老人問題的產生，是受到工業化的影響；由工業化帶動了現代化與都市化，民眾為追求其生活的改善，紛紛往都市中求取發展，其結果使家庭的結構改變，由過去的大家庭轉變為小家庭，或核心家庭，使家庭中的青壯年人口減少，尤其是當教育普及之後，資訊發達，婦女們就業情形普遍，更引發了兩性工作平等；再加上都市人口密集、生活緊張、壓力繁重、人情冷漠，乃造成人際關係失調及衝突等諸多問題。

要處理這些問題，只有一個不變的基本原則，那就是凡事「豫則立，不豫則廢」，處理高齡化社會所產生的老人問題亦然。其規劃與執行，絕不只是對生、老、病、死、苦、難等問題的解決，或衣、食、住、行、育、樂等六大需要的滿足，而是在提昇其生活品質之餘，而要將這項措施融入於國家建設之內，使得社會福利服務的效益，為明日安和樂利的社會奠下不拔之宏基。倘若抱著「船到橋頭自然直」的心態，日後必然會為今日的因循與保守，而付出不可估算的代價。

在另一方面，政府當前對老人所規劃的福利服務的措施，是自助、預防、復健三者兼顧，並包括安養、扶養、托養、療養，以及文康活動等。這也可以說，是以創造動力作為福利服務的張本。至於社區照顧，是將傳統對老人服務的不足，改為走在老人需要之前。根據最近一項調查研究的結果，發現當前台灣老人的需求，共有四項：⑴經濟的需求。⑵醫療的需求。⑶服務的需求。⑷社會活動的需求。但在實際規劃與運作時，應以下列各個前提作為優先考量的項目。儘管這些項目，在本文第五篇中已經有所論述，但為使大家能充份了解，於此有需要再加說明於後：

一、以政府為主導的民間參與

老人福利的基本要求，是經濟安全、健康保持、康樂休閒，及生活知識。這些實際的擁有，乃是取決於老人年金保障，全民健保、文康中心，及老人大學等。此皆以仰賴政府機構為主導，鼓勵民間參與，則可收事半功倍之效。關於全民健保，既可免費為老人治療，而政府文康中心，亦可採重點式的活動，至於民間社區的松柏俱樂部，雖然依附在寺廟等處的老人康樂組織，容或在設備上未盡完美，但人際的親切，與前者相較亦並不遜色。尤其是老人大學、及民間社團的各種服務等，相信更加廣泛而深入。

二、以補助為方法的委託措施

依照政府預算制度，可以說謹慎有餘，迅捷不足。而創設有關機構，又恐員額膨脹，負荷更多人事費用而受限。因此，應可改採美、澳等國的政策，由政府對各類老人機構明定設置標準，凡法人立案機構，願參照政府標準與收費者，均可予以優惠的建築補助費，以鼓勵民間設置更多的老人相關機構，來因應實際需要，政府還可以將低收入戶的老人委託其安養。或許這種做法，似有對民間機構過於偏愛，但實際只是以一部份經費的投入，而發揮整體的功效，同時也可讓很多有意參與社會服務的人，以展其抱負與心願。

三、以年金為保障的消除匱乏

依據國際勞工組織的解釋，年金制係指社會安全制度中被保人遭遇老年、殘廢、死亡等事故時，所支付長期性定期現金給付。凡藉由薪資來維生者，一旦年老退休，即可繼續在年金制度照顧下，不會發生經濟上的匱乏之窘境。惟以往在沒有退休金，固然會發生經濟上的問題，而一次發給的退休金，如處理不善或不當，同樣的也會發生被騙或虧損的情形，使生活費用無著，故退休年金制度，宜及早實施，以保障老年人的生活，而消除其在經濟上的匱乏。

四、以專業為核心的求取精實

各類老人團體，應本其創設的宗旨，各司其職，當可在增進情趣，提昇生活品質的前提之下，達到殊途同歸之效。尤有進者，如能以高素質的社會工作員為核心，透過有熱誠、具知能、奠守則、擁證照的專業社會工作者，並採用研究、計畫、執行、評鑑的程序，循個案管理、方法技巧、激勵改革，考核追蹤，來作日新又新的改進，以邁向老人安養機構的專業化，但是他必須以社工專業為前提。現在「社會工作師法」已頒布，深信只要假以時日，此一專業制度，必可日益精實。

肆、結論

所謂「老有所終」，這是奠基於有情社會中的一項為老人所設想的政策，遠在先秦時代即已提出，而且被視為一種當然之事。可是在現代的社會裡，由於環境變遷，及人文精神式微之後，而面臨多重挑戰。但是，事在人為，只要政府有決心，針對需要建立起一套為老人福利服務的良好制度，除給予老人以基本的保障外，如其子女能以親情的關懷與慰藉，自可使所有的老人振奮其情緒，重拾其信心，有尊嚴的以享受其過去為國家社會所奉獻的成果。捨此，恐怕再好的設計，也無法獲得圓滿的解決。

總之，台灣的老人福利服務，雖未做到盡善盡美，但已滙集一切力量及專業知識為之規劃，且經立法，建立制度，付諸實施，及不斷因時應勢力求改進，企盼能進一步做到：

在「敬老」的照顧上，以多樣化的設計，除給予他們不虞匱乏的基本權利，及妥適安養而外，並透過其子女親情的慰藉，社區的文康活動等。讓他們感受到家庭有溫暖，社會有情意，即令是黃昏終將來臨，也定會散發彩霞滿天，令人欣賞（本文係本人於一九九八年八月間應「實踐季刊」社邀請時所寫）。

後記：本文參考的書目及資料

一、蔡漢賢著：社會福利十二講。
二、潘　皓著：中國社會福利思想與制度。
三、內政部編：台灣地區老人福利機構需求概況調查報告。

第七篇　是建設性的

主題：均富社會與經濟發展

「均富社會」與「經濟發展」，是我國當前國家建設的兩大目標。在進行的步驟上，是於加速經濟發展的同時，致力於均富社會的實施。其要求，在使這兩大目標，兼籌並顧，同時邁進，畢其功於一役。由此可知，這是一項劃時代的艱鉅而繁重的歷史任務。

壹、前　言

由於這項任務的兩大目標，從表面上看未盡調和，故每有「魚」與「熊掌」二者不可得兼之說。於是近年以來，曾引起若干人士對此發生爭議，以為這兩大目標有其內在的障礙，實難同時進行，因為要加速經濟發展，就必須加速資本形成與累積，更要有大規模的企業形態為之推動，但實施均富社會政策，勢必減緩資本形成與累積的速度，同時亦不允許大規模的私人企業形態過份膨脹，因而將不利於經濟發展。

根據理論分析，及世界各國經濟發展與演進的趨勢看，我們認為上述論點未必盡然。個人願就 國父孫中山先生民生主義的經濟思想，及我國三十多年來實施均富社會政策與經濟發展過程中所獲致的經驗、成果和事實，列舉其要者，作一個簡明的論及。

貳、從兩極不同的觀點說起

盡人皆知：均富社會政策，是依據 國父孫中山先生民生主義經濟思想所制訂。其目的既要「求富」；又要「求均」。然而，如何求富？又如何求均？這便涉及到「生產」與「分配」兩個環節。 國父對此曾經明白的指示我們說：「中國之患在貧，貧則開發富源以富之，唯富而不均，則仍不免於爭，故思患預防，宜以歐美為鑑，力謀社會經濟之均等發展」（註一）。又說：「我們的民生主義，是做全國大生利之事，要中國像英國、美國一樣的富足；所得富足的利益，不歸少數人，有窮人富人的大分別，要歸多數人，大家都可以平均受益」（註二）。由此，我們可以瞭解，中國的社會和歐美不同，故民生主義的經濟思想，在生產方面，是「實行工業化以求富」；在分配方面，是「實行社會化以求均」，二者是平衡的、並進的，這就是我國當前在加速經濟發展的同時，致力於均富政策的實施之主要導因。三十多年來，經先總統　蔣公悉心規劃，付諸實施，乃使我國在經濟快速發展的過程中，將貧富之間所得分配的差距逐漸縮小，而達到均富的境界，這在世界各國的經濟發展史上，是前所未有的一種極為突出的成就。所以國際人士經常以「奇蹟」二字評之者，其實這種成功的表現，是自然的，並無絲毫的勉強性。

因此，我們必須確認：民生主義的均富社會政策，不僅無礙於資本的形成與累積，而且具有鼓勵推動的功能；同時，在均富的社會制度之下，同樣可以有大規模的私人企業經營形態存在。此外，我們再看看世界各國放任的自由經濟制度發展至現階段，凡是以個人英雄主義式的大資本家控制的企業集團，甚至控制國家經濟命脈的做法，很顯然的已經成為過去。其代之而起者，是無數健全的投資人或公民，是欣欣向榮的中產階層，構成了社會廣大的基礎，以自由而有秩序的規範，成為開發經濟，創造國家財富與全民整體利益的主力。

可是，至目前為止，仍有人對實施均富社會政策所採取的措施，常常引起爭議，那就是：「先求富而後求均」？抑或「先求均而後求富」？關於此層，依據國父以民生主義經濟思想所提出的「實業計劃」來看，求富應該是根本，這是首先需要肯定的一個前提。如果不能致富，即去求均，這種均，是沒有積極意義的；而且這種均，只是一種災難的分擔，而不是幸福的共享。儘管如此，但在實施均富社會政策的優先次序上，依然有著兩種不同見解的看法。

一、能富必能均

有些人以為「能富必能均」，此即是說「先求富而後求均」。不過，他們也承認在求富的過程中，必須暫時忍受不均的痛苦；及至富了以後，自然會均，而且這種均，才是真正的均富。其所持的理由是：㈠先求富，可以鼓勵個人的努力與創造，以發揮其潛在的能力及其所長。㈡如果先求均，勢必減緩資本的形式，以影響工業發展。㈢而且先求均，是「社會主義」國家「假平等」的做法，是錯誤的，我們不應該採取。

二、能均必能富

相反的，也有些人以為「能均必能富」，此即是說「先求均而後求富」，同時，在既均求富的過程中，就不必忍受不富的痛苦；到了富足以後，自必更能均。他們所持的理由是：㈠先求均，可以使勞動的生產力增加，同時讓一般人都有接受教育及訓練的機會，這樣，便會創造出更多的財富來。㈡均而求富以後，普遍增加社會消費能力，不致釀成經濟蕭條，而且尚能促進社會和諧與安定，更有利於經濟的發展。㈢先求富，是「資本主義」國家只幫助少數企業家發財的做法，同樣是錯誤的，我們也不應該採取。

叄、經濟學無完全套用模式

經濟學的理論，對於經濟現實的印證，很少有可以完全套用的模式。一個經濟學家，如果固執於一種學說，來解釋不同經濟環境下所存在的問題，往往會扞格不入，甚至會產生政策誤導的危機。最近我國的經濟學家們，又為了經濟成長與穩定先後次序，以及經濟理論之運用等問題，掀起激烈的論戰，實在是無此必要。因而，蔣總統經國先生對此特加提示說：「經濟成長與經濟穩定，兩者實應並重，而在執行之間，須視時間與狀況作適當的協調，使國家經濟在持續不斷成長中，對國民生活之不利影響減至最小，其有利因素發揮至最大。因為經濟學說與理論，學派很多，各有各的立論依據，但決不可能以任何一種理論來解決一切的經濟問題，最重要的，是經濟政策的抉擇和實施，首先必須適合國情，一切總以符合民眾利益為前提」（註三）。這可以說是最明確的一個結論了。此外，一九八〇年諾貝爾經濟學獎得主，美國賓州大學教授克萊恩（Lawrence R．Klein）也說：「如果把一國或一群國家的經濟表現，當作是大型動態方程式聯立解法的結果來看，那麼，只專注其中任一層面或關係，而以之為唯一的根據，試圖判斷其經濟未來趨勢，會有所困難的」（註四）。這不是更明白了嗎？ 國父的民生主義經濟思想，是綜合古今中外各家學說、各種情況、以及其獨見創獲的真理，在執行與運用上，決不拘泥於某國之例或某家之言。所以他說：「余之謀中國革命，其所持之主義，有因襲吾國固有之思想者，有規撫歐美之學說事蹟者，有吾獨見而創獲者」（註五）。其理即在於斯。設若大家都能瞭解民生主義的特質是什麼？也許在前節討論實施均富社會政策，對於求均與求富的優先次序，就不會發生爭論了。所以，我們不能批評其誰是誰非，而只能說他們對問題的看法，各人所採取的角度不同而已。

一、民生主義絕不是資本主義

因為，我國的經濟體制，係以民生主義為其最高的指導原則，以締造一個均富的社會為其終極目的，故在執行時，是主張經濟民主與經濟平等，藉以解決人民生活之同時解決社會問題。因此，我們必須正視，更必須確認民生主義絕不是資本主義。

所以說民生主義雖承認並維護私有財產與自由競爭，力求發展生產事業，創造資本，但同時卻更主張均富政策與累進稅制，去節制私人資本，平均社會財富，以謀全民的經濟平等與生活福祉。

二、民生主義也不是社會主義

因為民生主義的經濟，在本質上是一種「自由經濟」，而社會主義的經濟，是屬於「統制經濟」，或稱「集體經濟」，故其生產工具均屬公有，並以管制的高壓干涉政策，強迫生產，限制消費，勢必影響經濟發展。因此，我們可以確認民生主義也不是社會主義。

所以說民生主義的經濟思想，不主張土地與資本收歸公有，更反對共產極權式的統制經濟制度。故民生主義不僅容許人民的經濟自由活動，而且也給予其充分的自由與民主。

三、民生主義更不是共產主義

由此，我們可以瞭解，民生主義的經濟，是以全民福祉為前提，以整體利益為依歸，將工商業分為「公營」與「民營」兩路進行，在步驟上，相互配合，發展生產事業，拓展對外貿易，創造財富，以均足國計民生為目的；對民族工業，採取適當保護與鼓勵，協同調節，而發揮企業精神為手段；至於改進稅制結構，健全政府財政，尤為國家經濟建設之必要條件。一切先求「其有」，次求「發展」，再求「共享」，才是正確的方向。所以民生主義更不是共產主義。

肆、民生主義是均富共享的中庸之道

民生主義的經濟建設，既然是在締造一個均富的共享社會，那麼，在推動經濟發展的過程中，當然要兼顧到「成長」與「穩定」的雙重需要性。如果要瞭解民生主義對實施均富社會政策所採取的措施是什麼？簡言之，即「求均」與「求富」二者同時並進。惟有如斯，才能糾正及平衡上述偏倚之弊，這也就是　蔣總統經國先生一向所強調的「均中求富」與「富中求均」的「中庸」之道。

由於此一措施運用得宜，過去有所謂對於大企業家、高所得者、以及家族公司不無影響之說，此就整個社會而言，畢竟只是極少數中之少數：即令有所影響，亦不阻礙其事業之發展。反之，而受到扶植及鼓勵者，則佔社會絕大多數的中產以下階層，此不僅可使整個社會欣欣向榮，更有助於大眾資本的形成與累積，乃是邏輯的必然，當前世界各工業先進國家一般情況，都可作為最有力的實證。同時，在本世紀三十年代世界經濟大恐慌之後，所有資本主義國家，都逐漸採行社會福利與社會安全制度，對高所得者及巨額財富課以重稅，藉以抑止社會財富的過分集中。在另一方面，而對於中低所得之一般大眾，則多方予以照顧與扶持，使其享有並普遍過著自由幸福的生活。而　國父的民生主義均富社會政策，其主要的精神，即在於斯也。

大家要想知道求均與求富二者同時並進所採取的平衡措施如何？那就必須先行

瞭解我國三十餘年來在復興基地所推行的均富社會政策主要內容是什麼？以及此一方面所創獲的成果有那些？於此，我們僅以下列各項說明其概要：

一、實施土地改革

政府自民國三十八年起，根據　國父民生主義的均富思想，首先實施土地改革，其步驟，是由「三七五減租」入手，然後逐步的達到「耕者有其田」及「全面平均地權」的目的。此一措施，從表面看，是求均的開始，但也是求富的開始，因為政府在實施土地改革的同時，即一面鼓勵及誘導地主所得之土地債券投資於工商業開發。當時為了配合此一措施，政府乃決定將四大重要公營事業之台灣水泥公司、台灣工礦公司、台灣造紙公司、以及台灣農林公司，同時開放民營，期以共同的力量，從事開發工商企業，去創造更多的財富。

二、擴大教育投資

為了配合國家經濟發展，創造財富，其首要任務，就是開發人力資源，使人人都享有平等的接受教育及訓練的機會。因此，政府有關當局，對於教育投資的規劃，可謂不遺餘力，於是使學齡兒童入學率，由民國四十四年的百分之八十四，升到七十年的百分之九十八點七，同時，自民國五十七年起，國民義務教育，由六年延長為九年，並自七十二年開始，以職業為主，國民義務教育準備再予延長至十二年。而且為培養各類科技人才，除針對國家經濟建設需要，調整各大學有關科系外，更大量興辦各種職業專科學校，以提高各類工業的生產能力，加速實現國家工業化。

三、加速經濟建設

我們知道，民生主義之均富的社會政策，今天能以得到初步的實現，是由民國四十二年實施四年經濟建設計劃之後，從勞力密集加工業的興辦，到自力發展輕工業的過程中，使人人都有充分的就業機會。至民國六十五年，為改變我國工業結構，並加速其轉型期，便將原有的「四年經濟建設計劃」，延長為「六年經濟建設計劃」，同時自七十一年起，為適應需要，乃實施所謂的「新四年經濟建設計劃」，而且促進我國工業產品的輸出，逐年大量增加，使國民平均所得，至民國七十年，已達美金兩千七百餘元。自此，就逐漸由「均」的情勢，而接近了「富」的境界。

四、拓展國際貿易

由於復興基地是一個典型的海島經濟，幅員較小，資源缺乏，而能發展的領域是有限的，所能求得的財富，也是非常低微的。在此一情況下，只有實行以出口為導向的經濟發展政策，積極拓展國際貿易，才是最基本的要圖，將我國工業區產品擴大向國外輸出，而以世界各國作為行銷市場。如此，方能使國民所得與就業機會不斷增加，普遍提高生活水準，而所要求得的「富」，才會逐漸擴大，所要求得的「均」，才有積極的意義。因而，我國在目前世界貿易大國的排名上，已躍升列為第二十位，這是值得我們欣慰的一件大事，更是值得我們驕傲的輝煌成果。

如是以談，使我們對於實施「均富社會與經濟發展」優先的次序問題，得到一個正確的答案，那就是先以土地改革，實行「耕者有其田」，推動「分配社會化」，乃是「均中求富」的初步；而發展經濟，獎勵大眾投資，促進「生產工業化」之同時，採取累進稅制，謀求全民福利，則是「富中求均」的平衡措施。

伍、經濟體制之比較、肯定與運用

當我們瞭解了實施均富社會政策所採取的各種平衡措施之後，大家對於經濟發展，不應再存有因「求均」而影響到「求富」的懷疑看法。因為民生主義是我們從事經濟建設之主要依據，同時也是政府釐訂各種經濟建設計劃之最高指導原則。近三十餘年來，我國經濟發展之所以能有如此的輝煌成就，即是我們依據民生主義所作的各種努力而獲致的成果。現在我們可從過去三十多年來從事於國家經濟建設的經驗中，來看民生主義經濟制度的正確性。儘管過去常常有人會詢及民生主義的經濟體制有關問題，而且也有人直接問道：民生主義的經濟，究竟是「自由經濟」？還是「計劃經濟」？而加以存疑。根據　國父的經濟思想，我們可以體認到，民生主義的經濟制度，既不是「放任的自由經濟」，也不是「統制的計劃經濟」，而是一種「計劃性的自由經濟」，但在其本質上，仍屬於自由經濟的一種，這是我們必須加以肯定的一個前提。

一、什麼是「自由經濟」

那麼，甚麼是「自由經濟」？其作法又如何？仍為一般人所關注的一個問題。我們要瞭解什麼是計劃性的自由經濟？首先需要瞭解什麼是「自由經濟」？所謂自由經濟，簡單的說，它含有三個特性：其一、是私有財產的維護。其二、是自利動機的發揮。其三、是價格機能的運用。換句話說，凡是一個經濟社會，具有這三種特性的，它就是在推行自由經濟的經濟制度。

我們知道，自由經濟制度，是由經濟的自由主義發展而來，而這種自由的經濟主義，是於十八世紀之末，由於英國完成了「產業革命」，改手工用機器，突破了生產界原有的方式。然後從英國傳到歐陸的德法和新大陸的美國，英人亞丹斯密（Adam Smith），適於一七七六年發表其名著「國富論」（An Inquiry Into the Nature causes of The Wealth of Nations），倡導企業自由之說，實有其啟發性的作用。其中有關於自由經濟學說理論部份，最主要的就是自私的利己主義，這也可以說就是亞丹斯密的基本觀念。他認為社會的存在，在本質上，並不是仁愛的同情心，而是一種自愛的利己慾，惟其如斯，社會才有幸福。因此，他不僅以私人利益作為政治與經濟的的基本心理動機，而且更認定人類的利己慾，才是經濟繁榮的原動力。於是私有財產，也就成為各個人的天賦權利，所以他便主張經濟活動，應由個人自由為之。如此，社會經濟秩序，才能和諧的發展，就像在冥冥之中「有一隻看不見的手」在安排著，那就是所謂的「市場機能」之「供求關係」，如此，也才能使各個人的利益與社會利益相調和。而這種自由經濟的調和論，其主要論點，在排除由國家的干涉、保護與管制，因而，也就在這種自由經濟的思想指導之下，便產生了自由經濟制度。不過，我們必須瞭解，亞丹斯密的自由經濟學說，是他於痛擊重商主義與保護政策之後，所提出的一個重要理論。所以他一再強調：「所有強制的制度，均應完全廢除，而任其自由發展，只要不違反法律，每個人都可聽其自由，各自尋求他自己的利益，並可讓他自己的勞力和資本，與任何他人的勞力和資本作自由的相互競爭」。這是說明每一個人基於利己慾的驅使，去努力追求他自己的利益，是一種神聖不可侵犯的權利。所以亞氏認為，放任的自私利己慾的自由活動，也就是最好的一種經濟體制（註六）。

二、什麼是「計劃經濟」

其次，又什麼是「計劃經濟」？所謂計劃這個名詞，儘管常常有人在談經濟問題時所使用，但各個人所指的意義與內容，卻並不是完全一致的。根據經濟學原理加以分析，這種計劃經濟，可歸納為兩種，一種叫「體制」，一種叫做「手段」。如果將計劃經濟當作「體制」用，那就是「社會主義」的別名，正如一般人把自由經濟看成是「資本主義」之別名一樣。因為，最先使用計劃經濟這個名稱的，不是資本主義國家，而是共產主義的蘇俄。當一九三〇年代，曾發生所謂「三十年代的世界經濟大恐慌」，在這次全球性的經濟風暴中，除蘇俄遭受損失較少外，其餘各國無不嘗到經濟萎縮的苦果。於是蘇俄當局，便標榜它的經濟體制的完善，同時並自我強調，說是得力於計劃經濟的成功。其實它所謂的計劃經濟，就是一種「統制經濟」，故後來一般人便稱其為「統制的計劃經濟」。這種經濟體制，所具有的特性：其一、是生產工具的公有。其二、是公共利益的謀求。其三、是中央集權的貫徹。它這三個特性，正與自由經濟之三大特性成為顯明的對比。

如果將計劃經濟當作「手段」看，它是自由經濟國家為達成某種經濟活動目標時所採取的一種必要措施。當然，採取這種措施，往往會造成若干流弊，但它可以發揮以下各種功能：㈠可使各種經濟活動彼此間能夠更密切的協調。㈡對於將來經濟情勢演變能有較正確的判斷。㈢在生產資源的運用上可作妥善的安排。所以，在推行經濟活動時，所採各項計劃措施，不僅可以提高生產效率，而且更能將生產導入理想的方向。不過，這只能當作手段看，絕不可當作體制用，否則，便會變成一種「統制經濟」，那不是自由經濟國家所應有的做法。

三、什麼是「計劃性的自由經濟」

至於談到什麼是「計劃性的自由經濟」？問題並不複雜，只要我們能夠體認到民生主義的經濟思想是什麼？便可以瞭解此一經濟體制的真正意義。簡要言之：它不同意於資本主義的壟斷與剝削，而只幫助少數人發財；同時，它更反對共產主義的階級鬥爭，而沒收人民私有財產，使政府變成了大地主、大資本家，統制著一切經濟的活動。所以，計劃性的自由經濟體制，其所具有的特性，與自由經濟及統制經濟均有所不同。那就是：其一、是私有財產仍然受到維護。其二、是自利動機仍然可以發揮。其三、是價格機能仍然為調節社會經濟之唯一手段。但是，為了防止以上三大特性發揮過度而產生流弊， 國父乃主張「節制私人資本，發達國家資本」。這不僅可以補救「自由經濟」的缺點，而且也可以避免「統制經濟」的殘暴。因此，民生主義為此設計了一套新經濟活動的藍圖，則採取企業公營與民營兩路進行，使之平衡發展。企業的公營，為的是要發達國家資本，以防止私人的財富過分集中，故凡具有高度壟斷性，對國計民生有密切關係之大規模的企業，應視需要由國家經營為宜。但是，在民生主義的均富社會裡，更鼓勵民營企業的活動，務使能夠打破由家族經營方式，而成為真正由大眾所投資的股份有限公司，達到「資本大眾化」與「分配社會化」的目標，以免重蹈歐美以往資本主義國家經濟發展的覆轍。過去三十多年以來，即是運用這種策略，去推動經濟發展，如自民國四十二年起，先後實施「四年經濟建設計劃」、「六年經濟建設計劃」，同時自今（七十一）年起，進一步實施「新四年經濟建設計劃」，就是根據「計劃性的自由經濟」體制策略而來。

四、又什麼是「經濟計劃」

此外，在這裡我們必須提出加以說明，而更需要強調的一點，那就是民生主義所使用的「經濟計劃」，與共產主義所使用的「計劃經濟」，兩個好像是相同的名詞，但在其實質上，是截然不同的內涵。因為，民生主義的經濟計劃，是提示性的，是誘導性的，而不像共產主義的計劃經濟，是命令性，是強制性的。因此，這不僅說明了這兩種經濟制度的不同點，而且也顯示出我們的經濟發展，是政府和民間通力合作與共同努力所創造的輝煌成果。

所以，民生主義的均富社會，是追求高度的安和樂利與繁榮進步，且以「經濟自由」與「經濟平等」為其兩大前提。一方面要使每一社會成員，都有機會發揮其智慧和潛能，去創造財富；同時，又要讓大家公平分享所共同締造的豐碩成果，俾個人、社會、與國家，均能獲得健全而均衡的發展。

陸、自由經濟思想之計劃性的要義

民生主義「計劃性的自由經濟」制度，其所以能夠順利的實現了它的均富社會理想，最主要的一個因素，就是由於它「有一隻能夠看得見的手」在策劃著，這與亞丹斯密在他的「國富論」中，所強調的「有一隻看不見的手」之名言恰好相反。亞氏以為：一個國家的經濟，如果能在自由競爭的原則下，各個人因受到「利己慾」的驅使，它能使國家的資源，充分發揮其最大的效能，因而，也就促進了整個社會經濟邁向欣欣向榮的境界。不過，事實上並非如此，因為亞氏這種自由經濟思想的理論，由於過份崇尚私人經濟自由，乃造成社會上貧富差距不合理的懸殊現象，資本家不僅壟斷了國民生計，甚至操縱了整個社會物價，其結果也就影響了國家資源的調配，使一切經濟活動，無法達到最大效益。其中最明顯的一種錯誤，就是亞氏所強調的「一隻看不見的手」所形成的一種放任的自由經濟制度。事實告訴我們，亞氏的自由經濟思想，已經產生了各種經濟的「自由病」，一個有著自由病的經濟，如何能談得上是真正的經濟自由？　國父的民生主義之「計劃性的自由經濟」，其中的「計劃性」，乃是用「一隻能夠看得見的手」，來誘導私人經濟自由發展，是非常正確者。一國之自由經濟，惟有在計劃性誘導之下，才能使經濟活動，走向繁榮與調和的理想境地。也惟有這種沒有「自由病」的自由經濟，才是真正的經濟自由。換句話說，民生主義之「計劃性的自由經濟」，就是　國父以「一隻能夠看得見的手」，來改正亞丹斯密的「一隻看不見的手」的錯誤，好讓經濟計劃與經濟自由加以適當的調和，使一切經濟活動，導入一個繁榮、富足、與理想的發展方向。

一、先以農業培養工業

事實是最好的證明，政府自民國三十八年播遷來台以後，即本著民生主義「計劃性的自由經濟」體制之原則，並針對現況的需要，從風雨飄搖中，積極規劃各項經濟建設。首先，於民國三十八年，實施土地改革政策，其目的在求提高農民生產力，繁榮農村經濟，改善農民生活，藉以奠定民生主義經濟建設基礎。其次，從民國四十二年起，逐步推行六個「四年經濟建設計劃」，其重點是以「農業培養工業」，此為我國經濟發展過程中，以「進口代替產業」的階段。此後，由於主客觀經濟條件的變動，自第五至第六個四年經建計劃時，其重點便以「工業發展農業」，這為我國經濟結構的轉變，而也是「以出口擴張產業」的階段。故至民國七十年，由於對外貿易不斷擴張，已使我國成為世界上第二十個貿易大國。第三，從民國六十五年開始，為了因應我國經濟發展的需要，乃又實施「六年經濟建設計劃」，其中「十項重要工程建設」，已於民國六十八年全部完成後，繼之又推動了「十二項重要建設」，於是，使我國的經濟發展，由於農產品加工業、輕工業，而步入了重化工業的階段。因此，使一般國民生活水準，便隨之改善、提高，國力也就更為充實、雄厚、而強大。

二、再以工業發展農業

天底下的事，絕沒有盲目的進行就可以成功的。我國的經濟建設，因由於 國父的民生主義自由經濟思想，有「一隻能夠看得見的手」在策劃著，故實施「計劃性的自由經濟」的結果，使我國過去三十多年來的經濟發展，有著快速而健全的成長。所以，自民國四十二年至五十一年，第一個階段的十年間，我國的經濟發展，年平均成長率為百分之六、四；自民國五十三年至六十二年，第二個階段的十年間，我國的經濟，平均年成長率高達百分之一〇・四；尤其值得我們欣慰與驕傲的是，就是當民國六十二年與六十八年間，由於先後連續的發生兩次世界能源的危機，使各國的經濟，多呈現負的成長率，惟我國卻始終保持著持續的成長，而且物價亦能維持相當的穩定性，其間有一個更重要的事實必須提出說明的，那就是三十多年以來，我國的物價上漲率，平均僅為百分之五，非一般開發中的國家所能做到者。這一極其輝煌的成就，無疑的乃是由於民生主義自由經濟思想之「計劃性」而來（註七）。

所以，此時由於主客觀經濟條件的變動，使我國的經濟建設的重點，是以「工業發展農業」，期能相互配合，作為在我國經濟發展的過程中，能夠進入到「以出口代替產業」的階段。

柒、均富社會植基於合理的分配

近年以來，經濟學家們討論最熱烈的一個課題，也就是在經濟發展過程中，如何將經濟發展所創造出來的成果，分配給參加生產者各個分子所「共享」？根據曾經獲得諾貝爾經濟學獎的顧志耐（Kuznets）教授之證實研究發現：在一個國家經濟發展的初期，其所得分配，會隨所得水準的提高而惡化；但經過相當程度以後，在所得的分配上，才會逐漸趨向於平均。換句話說，在經濟發展初期這段時間內，「求均」與「求富」，正如「魚」與「熊掌」，二者很難得而兼之。然而在我國，由於政府努力於民生主義的均富社會政策之實現，故對於「求均」與「求富」二者同時進行，使我國在台灣地區的經濟發展過程中，其所得分配，有越趨平均的現象。此一事實，深為世界各國人士所重視。但是，以民國五十三年的收支調查顯示，台灣地區的農家與非農家、以及鄉村與都市之間的所得差距，似又有逐漸擴大的趨勢。因此，近年以來，又引起了社會各界，對於「求均」與「求富」的目標之衝突，表示甚為關切。

一、均富並非要把富人打窮

在民國六十七年，中央研究院經濟研究所，曾舉辦過一次「台灣所得分配會議」，分別從理論與實證的角度，探討我國台灣地區的經濟發展過程中所得分配的情況，經分析瞭解的結果，澄清了若干對所得分配的觀念。尤其，在這次所得分配會議中，多數的專家們一致的認為：從經濟發展的觀點看，所得分配不一定是「越平均越好」，而應該將重點放在所得的「合理分配」基礎之上，這也就是說，「均富」並不是要把富人打窮，以平均其財富，而是要在經濟發展過程中所創造的成果，能為大眾所「共享」，並給予每一個分子以平等機會，其中包括接受教育、取得財產、以及就業等之機會均等。因此，他們一再的強調：適當的所得差距，反而更能成為推動經濟發展的主力，例如農工所得的不等，便足以誘導農村的勞力流向工廠，而解決了工業發展所需要的人力問題。以經濟學家蔣碩傑博士的看法，談所得分配，應該將民生主義的「均富」和民權主義的「真平等」相提並論。因為均富是要讓每一個人有「立足點的平等」，並非「齊頭的平等」。準此而論，我們便可以瞭解「節制資本」，絕不是「殺雞取卵」式的限制私人資本，而應該是誘導私人資本透過「計劃性的自由經濟」體系，由政府加以適當的調整與管理，使其有計劃的而予以充分發展和運用（註八）。

因此，便有人紛紛提出建議，希望政府當局採取有效的措施，適當的調節所得分配，其尺度在能以不破壞市場機能為原則，譬如過去政府以低能源價格及低學費政策，來照顧中低級的收入者，其用意固然甚佳，但造成了消耗能源愈多的人，愈是佔到很多的便宜，而且更讓富家子女享受較多的優待，這反而違背了政府的初衷。所以又有人主張，一方面將能源價值隨成本調整，對貧民直接補貼；一方面提高大專院校學費，並設置清寒子弟獎學金及助學貸款，這都是要求合理分配所得之最好的意見，是值得政府考慮和採行的。

無可否認，合理的分配所得，的確是現代經濟發展中一個值得研究的問題，但也有人認為，所得分配是否即是現代社會惟一的福利指標？這也是值得我們深思的一個環節。不過，　國父孫中山先生對於此一問題，他在民生主義中，提出實現均富的兩個辦法，那就是「平均地權」與「節制私人資本」。平均地權，在農地方面，即是實施「耕者有其田」；節制私人資本，一方面是發達國家資本，一方面是扶植私人企業的建立，但不使其形成獨佔而損害全民的福祉。根據實施土地改革的結果，在所得分配上，不僅對勞動所得有利，而且使財產分配趨於平均化，其中最顯著者，就是農業生產在家庭間之分配，有著最大的改善。因而提高了農民生產誘因，而願意增加勞力的投入，以現有的土地面積，求產量的增加。此種財產重分配，是直接的促進所得平均化，並不是要在壓制私人的企業，而只是不讓私人資本過分膨脹，壟斷社會經濟，因之對於私人企業，政府並積極的予以輔導，以與公營事業作平行的競爭，去創造社會財富，分配給全體人民的共享。在這一原則下，使私人企業不斷的蓬勃發展，乃形成了我國今日經濟繁榮的局面。同時，我國的工商業組織結構，多為中小型企業，過去且均係以製造業的產品作為推動經濟發展的主力，而經營中小企業的業者，又多為中產階級，這表示我國財產所得分配較平均的一項證明，而且也是我國財產所得分配之所以較平均的一項原因。

二、成果要讓社會大衆共享

為了實現　國父民生主義的均富思想，經濟發展策略選擇的成功是非常重要的。民生主義在台灣推行的結果，從世界經濟發展中，創造了另一個新的型態，也避免了經濟成長而伴隨著貧富之間的差距擴大及惡化的現象。可是今後我國的經濟發展，由於工業結構不斷改變，已經由勞力密集的農產品加工業、輕工業，而邁向資本密集與技術密集的精密工業及重化工業，從經濟發展的階段看，應該是一條正確的路。因之大資本企業經營的趨勢難以避免，而發展資本密集與技術密集的精密工業及重化工業，是否即不利於所得分配的不平均？這已經有不少人對此有所顧慮。關於此層，如果我們能以有效的健全股票市場，輔導大企業的股票公開發行，讓社會大眾都有做大企業的股東機會，即可以兼收大資本經營與投資大眾化的雙重效果。當今政府正在積極改善經濟結構，促進工業升級之時，此項未雨綢繆和一舉兩得的措施，似應及早規劃實施為宜。

捌、我國現階段經濟建設目標

根據民生主義經濟思想及我國當前經濟發展實況，我國現階段經濟建設目標，可歸納為以下三項：㈠提高國民所得，改善人民生活。㈡奠定經濟基礎，厚植國家力量。㈢加強對外關係，增進國際地位。

為達成上述經濟建設目標，一方面要建立均富社會，一方面要實施自由經濟。前者，在促進經濟發展，實現國家工業化之同時，並力求國民所得差距的縮小，以達到安和樂利的均富社會之境界。後者，除國防及關鍵性的工業，由國家經營外，而一般工商業，均應開放民營，並採自由企業與自由競爭之原則，予以有效輔導，以推動進步，而加速經濟成長，早日邁向已開發國家之林。其演進過程，約分為以下三個階段：

一、規劃階段——是自民國三十四年至四十一年。此一時期，係以逐步整頓公營事業，並積極扶植民營企業，為其實施要領。這是我國經濟建設所強調的十年規劃開始的第一步。

二、發展階段——是自民國四十二年至六十五年。此一時期，係採適度的保護政策，並獎勵外人來華投資，一面擺脫落後國家經濟型態，改變農產品加工業結構，發展輕工業並提高其品質，及早實現工業化。一面加強開拓國際貿易，增加市場競爭能力，以期經由開發中的國家，而向已開發的國家征途繼續邁進。

三、開發階段—是自民國六十五年以後……。此一時期，就國家整體經濟而言，雖然是一個轉型階段，但實際已經邁向開發的征程。因之，在策略上，是以發展資本密集與技術密集之精密工業及重化工業，並積極輔導大貿易商的建立，將我國工業產品，透過世界性的銷售網，向各國擴大輸出，藉以提高我國在國際上之地位，而達到已開發國家之目標。

一、提高國民所得改善大家生活

中國國民黨（即我國當前之執政黨），於去（七〇）年三月二十九日召開第十二屆全國代表大會，通過「貫徹復興基地民生主義社會經濟建設案」。該方案不僅指出我國未來的國家建設方向及基本建設目標，而且提出了二十三項的具體措施，其中區分為「共同性措施」、「經濟建設措施」及「社會建設措施」等三大綱領，強調現階段民生主義的社會經濟建設，應強化計劃性的自由經濟體制，加強公民營企業配合，以因應各種內外在的變化；同時提高物質與精神生活的量與質，以增進復興基地國民福祉，作為對大陸同胞有力的號召；並從規劃與建設中累積寶貴的經驗，作為以後建設新中國的藍圖。而其主要目標，在於：㈠適度的物價穩定。㈡持續的經濟成長。㈢調和的產業發展。㈣充分的就業機會。㈤合理的所得分配。㈥平衡的區域建設。㈦和諧的社會生活。使整個社會在穩定中求成長，在成長中求均富，在均富中求和諧；使經濟發展與社會建設齊頭並進，以提高國民所得，增進全民的福祉（註九）。

二、奠定經濟基礎厚植國家力量

行政院經濟建設委員會，根據執政黨第十二屆全國代表大會通過之「貫徹復興基地民生主義社會經濟建設案」，作為最高之指導方針，訂定了我國當前台灣地區「新四年經濟建設計劃」，並提經行政院院會通過，自民國七十一年開始，至七十四年止，預定四年計劃期間，經濟成長目標，平均每年為八％，而物價以每年上升不超過七．五％為標準；平均每人國民生產毛額，預定至民國七十四年，按當年以幣值計，自七十年之九四、八四七元，提高至一六三、五二三元，折合美金高達四、三〇〇元（註一〇）。此一新的四年經濟建設計劃，在未來的四年間，關係我國建設現代化進一步的發展甚鉅，所以說七十年代，是我們經濟發展關鍵性的年代，而且工業發展又面臨著轉型期的階段，亟須大力的推動、突破與升級；因此，政府有關當局，努力執行此一新的四年經濟建設計劃之成敗得失，對於未來的我國經濟發展及工業升級，都有著直接的影響。回憶我國自民國四十二年起，實施第一個四年經濟建設計劃以來，先後已完成了六個四年計劃及一個六年計劃。由於各個計劃的有效執行，不僅使我國過去所遭遇的困難問題，都能一一加以克服，而且不斷的使我國經濟向著更高的層級發展，同時在國際的地位上，也獲得了「經濟發展的奇蹟」等之讚譽，這是值得我們引以自豪的。

三、加強對外關係增進國際地位

為了此一新四年經濟建設計劃得以順利推展，行政院於（七十）年十二月間，召開了一次「全國經濟會議」，集學者、專家、業界、以及政府有關人員等一百餘人之智慧與經驗，討論通過了「綜合結論」，所選定之策略性的機械工業及資訊工業。前者包括一般機械、電機、精密與自動化機械，以及運輸工業等；後者則包括電腦軟體、微電腦及週邊設備、數據通訊及其相關電子工業等。該等工業不僅具有能源密集度低、需要原料少、附加價值高、關聯效果大、技術密集度高，以及污染程度低等之特性；而且市場發展潛力大，領先較我落後國家，不虞與該等國家的惡性競爭，尤其一般工業國家對該等工業產品的進口不加設限，同時於該等工業加速完成後，即可使我國從勞力密集工業為主的經濟結構，轉變為以技術密集為主，而達到工業升級的目的（註一二）。凡此，均為該項新四年經建計劃重要參考資料。所以在該計劃中，特別列有「科學技術研究發展」專章，對未來推動科技的基本政策，發展的重點，以及配合措施等，均有詳盡規劃。於是將我國研究發展經費佔國民生產毛額的比例，由民國六十八年的〇．六三％增至為一．二％，幾乎提高一倍，而且規定政府、公營事業及民營企業每年用於研究發展費用的比重（註一二）。這是過去歷次經建計劃所沒有，同時也是為了配合加速前述策略性的工業發展、改善工業結構的先決條件。相信，只要我們能在過去的經濟建設既有的基礎上，運用我們成功的經驗，定可順利完成此一新的四年經建計劃所要達成的經建目標，藉以加強對外關係，而增進國際地位。

玖、計劃性自由經濟創造的成果

民生主義的經濟思想，其最主要的一個內涵，就是在謀求於提高國民所得的同時，縮短貧富之間的差距，以平衡社會財富，作為實施經濟建設計劃之基本方針。三十餘年來，由於我國經濟建設在「計劃性的自由經濟」體制指導之下快速成長，至民國七十年，國民平均所得已達兩千七百餘美元；然而尤有進者，因合理分配所得的結果，乃給予經濟學家一個最感興奮的重要數字，那就是在一個國民生活水準不斷提高之後，不但沒有擴大貧富之間的距離，反而隨所得增加而逐漸縮小，這不能說不是一大成就。

一、從努力「生產」求國民之「富」

也許，有人要問：貧富的差距，是用什麼方法計算出來的？其準確度又如何？國際經濟學家，有個共同衡量的標準，此即是將一國或一個地區的全人口，按其所得的多寡，分為五個等級，全人口中所得最高的百分之二十，列為最高的一級，依此類推，將全人口中所得最低的百分之二十，列為最低的一級，然後以最高的一級百分之二十人口所得的平均數，與最低的一級百分之二十人口所得的平均數，加以對照，其相差的倍數越高，就是表示這個國家或地區，國民貧富之間的差距越大，反之，其差距越小。

究竟，我國目前貧富之間的差距如何？據統計：民國四十一年，國民所得最高的一級和最低的一級，其差距高達十五倍之多，自此以後便逐年遞減，到了民國七十年，其最高與最低的一級所得之比較，已經降低到四點一七倍，這可以說是實施「計劃性的自由經濟」所創造的成果。

當然，在經濟發展的過程中，縮短貧富之間的差距，一直是我們要努力貫徹的一個目標，同時也是民生主義的均富思想及計劃性的自由經濟體制所要實現的一個政策。三十餘年，雖然已經有了良好的成績表現，但是政府當局並不以此為滿足，仍在繼續努力推動中，希望能有更進一步向上發展。如今國民所得已逐年大幅提高，國民生活已普遍獲得改善，這也就是實現「均富社會」的具體事實。根據統計，在過去的五年中，都市消費者物價指數，上升了百分之一百八十，軍公教人員的待遇，調整了百分之二百六十六，製造業的工資，增加了百分之三百一十七．七，而農民的所得，則提過了百分之三百四十六．六，這是一個可喜的現象。

我們知道，軍公教人員、製造業的勞工、及農民等，都是社會中低所得的階層，但從上述統計數字來看，以農民所得最高，製造業的勞工次之，而軍公教人員又次之，這便足以證明社會貧富距確已在縮短之中，而且低所得的國民生活，已顯著的獲得了普遍改善。因此，國際上一般經濟學家，無不盛讚我國的經濟建設，是開發中國家經濟的典範。不過，大家要瞭解，我國的經濟發展，其所以有別於其他國家者，原因固然甚多，但最主要的，應歸功於民生主義的經濟體制「有一隻能夠看得見的手」，在配合著自由經濟政策執行的成效，而這並非舶來的資本主義，那種放任的自由經濟理論，交給「一隻看不見的手」，所能創造出來的。

二、作合理「分配」求財富之「均」

而今天，我們經濟建設的成就，在中國的歷史上是空前的，而且，已經達到了創造財富、快速成長、高度穩定、與分配均衡的理想境界，讓全民滿足的分享了大家所共同創造的果實。所以蔣總統經國先生說：「我們必須有計劃的使資源的運用、經濟的成長、物價的穩定、生活的改善，得到安定、公平、自由的均衡，使我們雖在國際經濟的競爭和衝擊之下，仍能繼續推行經濟建設，增加國民經濟福祉」。又說：「我們的經濟發展，已經造成了國民所得的提高、貧富差距的縮短、就業機會的增加，這無疑的就是民生主義的實踐。由此，更顯示我們在經濟發展過程中，一方面努力『生產』，求國民之『富』；一方面作合理『分配』，求財富之

『均』。至目前為止，世界上無論在一般開發的國家，或開發中的國家，皆無此先例（註一三）。

因此，當一般國民生活獲得了顯著的改善之後，據最近統計顯示，平均每人每天所攝取的熱量，為二千七百卡路里，蛋白質為七八公克，均居亞洲其他國家的首位。在衛生保健方面，因所得提高，醫藥發達，以及公害防止和生活環境的改善，已使男女平均壽命，高達七十二歲，較民國六十年的統計之六十八歲，又增加了四歲之多。家庭用電的普及率，以人口計，已達百分之九十九點八，除小部份深山及離島地區外，均能享受用電的方便。至於談到學齡兒童就學率，竟高達百分之九十八點七。這能說不是我們實施「計劃性的自由經濟」所創造出來的成果嗎？

拾、終使魚與熊掌得而兼之

綜合以上所述各節，使我們很清楚的得到一個結論，那就是我們在執行「均富社會與經濟發展」的過程中，證明這兩項決策性的措施，不僅沒有衝突，而且在二者之間，是協調的、配合的、相成的。今後我們如何百尺竿頭更進一步，使均富社會與經濟發展，指向更高的境界發展？我們以為：

一、在政策上加強社會福利措施

應隨著經濟發展而加強社會福利措施，使一般國民生活素質，均能達到現代化的水準。這誠如英國當代社會政策大師馬歇爾博士（T.H.Marshall）所提出的卓見，他認為社會福利政策，「是消滅貧窮，增進社會福祉，和追求平等分配」（註一四）。所以，「平等分配」，便被引為福利國家的最終目標。換句話說，馬博士的說法，即為我國「禮記」的「禮運大同篇」之「大同世界」的理想極致。中國國民黨（即今日之執政黨），為了實行民生主義，促進經濟與社會之均衡發展，曾於歷屆全國代表大會中，先後通過有關此項政策。而今日復興基地之經濟發展情況，已日趨繁榮，社會福利措施，已逐漸加強，進一步建立社會安全制度，如社會保險、國民就業、社會救助、國民住宅，以及社區發展等。為求迅著成效，必須妥籌財源，寬列預算，並應以實行都市平均地權所增收之地價稅，設立社會福利基金，更應訂頒獎勵辦法，凡民間捐資興辦社會福利事業者，可豁免其所捐部份之所得稅或遺產稅。總之，今後對社會福利之推行，務須積極辦理，俾全體人民之生活，同臻於安全、康樂與不虞匱乏之境地（註一五）。

二、在認知上培養科技專業人才

我們必須瞭解，經濟建設在已開發的國家中，是工業領導技術，而在開發中的國家，則是技術領導工業。今日我國是一個開發中的國家，根據一般情況的分析，推動工業發展，已經不是資本問題，而是技術問題。因此，加強職業訓練與科技人才的培養，並延聘我國旅居海外之學者專家，回國服務，使我國工業技術能以大踏步向上發展，並使之能以迅速的升級，應為當務之急。

三、在做法上迎接當前各項挑戰

應肯定我們過去為發展農業，實施土地改革，是「均中求富」的做法；而發展工業，鼓勵大眾投資，並採取累進稅制，則是「富中求均」的措施。所以，我國的經濟建設，在導向「生產工業化」、「投資大眾化」、與「分配合社會化」的同時，特別強化賦稅政策，俾使「均」與「富」能以齊頭並進。此外，在經濟發展的運用上，應認定動則不墜的原理，從成長中求進步，自進步中求發展；尤其是要能接受當前所面臨的三大挑戰：㈠世界能源危機並未解除。㈡國際貨幣市場異常混亂。㈢各國保護主義普遍存在。然而我們如何在問題來臨時，作適當的因應？那就必須大家能建立起整體利益的觀念，共同奮鬥，才能突破一切困境，而持續向前發展。

四、在策略上全力發展精密工業

我們一方面要加速農村經濟建設，實施農業生產機械化；一方面要儘速擺脫勞力密集的工業，而全力發展資本密集與技術密集的精密工業及重化工業，使我國及早邁向已開發國家之林。此一指標，只要我們能依照民生主義經濟思想，貫徹實施「計劃性的自由經濟」體制，並因應時代的要求去作研究發展工作，以及政府與民間協調一致，共同努力，相信，民生主義的「均富政策」，必將會隨著經濟發展，不斷的作正比例的提高。

總之，我們既可以「吃魚」，又可以「吃熊掌」，誰云二者不可得兼呢？（本文係本人於一九八二年十一月間應「南亞學報」邀約時所撰寫）。

後記：本文所採用的參考資料：

一、「中國國民黨宣言」。
二、「民生主義」第二講。
三、蔣總統經國先生接見七十一年出席「國建會」各組領隊時的談話。
四、一九八〇年諾爾經濟學獎得主美國賓州大學講座教授克萊恩（Lawrence Klein），於民國七十一年八月間來華訪問時，爲「經濟日報」所撰寫的「現代經濟的經驗法則」一文，刊載於該報八月四日第二版。
五、「國父全集」專論「中國革命史」一文。
六、英人亞丹斯密（Adam smith）之名著「國富論」（An Inquiry into the Nature Causes of the wealth of Nations），以「一隻看不見的手」，倡導企業自由之說。
七、中華民國台灣地區「四年經濟建設計劃」與「六年經濟建設計劃」。
八、中央研究院經濟研究所舉辦的「台灣所得分配會議」各經濟學者所提供的意見。
九、中國國民黨（即執政黨）第十二屆全國代表大會所通過的「貫徹復興基地民生主義社會經濟建設案」。
一〇、中華民國台灣地區「新的四年經濟建設計劃」。

一一、行政院於七十年十二月間召開的「全國經濟會議」所討論通過的「綜合結論」。

一二、中華民國台灣地區「新的四年經濟建設計劃」所列「科學技術研究發展」之專章。

一三、蔣總統經國先生就職講話。

一四、英國當代社會政策大師馬歇爾（T.H.Marshall）博士對「社會政策」所持的看法。參閱 Social Policy in the 20th Century, London Hutchinson chapter 12。

一五、中國國民黨（即執政黨）第九屆中央委員會第二次全體委員會通過「民生主義現階段社會政策」。

第八篇　是回饋性的

主題：現代企業家的社會責任

我們知道：二十世紀之今日，是一個充滿著危機；也充滿著希望的大時代。一個現代的企業家，除了要負有對社會的責任之外，還要面對著科技知識的爆炸，商場競爭的劇烈；以及國際情勢的混亂諸般錯綜複雜的情況。如何使自己所經營的企業，能維持正常營運，持續發展，而邁向成功之路？那就需要有超人的智慧，遠大的視野，來確定他的抱負、認知與作為了。

以下僅就我個人的一些概念，提出幾項原則性的看法，作為各位大企業家經營的參考。

壹、運用企業的經營哲學

首先，要確立一個遠大的經營目標：一個成功的企業家，必須有其理想。因此，開創任何一種事業，皆非完全為著賺錢。在事業開創之初，第一件要考慮的事，就是要根據理想確立一個遠大的經營目標。然而如何去實現他的理想；達成他所經營的企業目標？那就必須擁有企劃人才，為之訂定週詳計劃，然後才能以現代企業經營管理的方式，逐步推展，向著成功的道路邁進。我國當前的企業經營之神王永慶先生，其所以能有今日的成就，即是由於他所經營的事業，有理想、有目標、有計劃；更有其企劃人才。所以：

一、要忘掉自我表現

做為一個企業的主持人，在經營管理的方法上，最好能忘掉自己，而達到無我的境界，換句話說，要打破所有自我成功的表現。我們知道：中國人的聰明才智，不輸給任何的外國人，同時中國自開國以來，已經有了五千年的悠久文化歷史。但是到現在為止，有那個企業的壽命能維持到百年以上的？可是在外國，兩三百年以上的大企業，到處皆是；而且越做越大，這其中並無什麼了不起的訣竅，問題就出在中國人自我表現的通病上。創業的人固然未有確立遠大的目標，而接棒的人又忽略了經驗的累積與歷史連續的重要。因而便造成了每一個人有每一個人的做法，既不能繼往，更無法開來，以致事業永遠做不大，於是也就談不到什麼大的企業了。

今天我們要糾正這一缺陷，不僅要從企業組織上求改變，而且要在思想上求革新。家族公司的時代，業經過去了，起而代之的，應該是現代企業組織的一套經營科學管理；同時更要運用集體智慧，發揮團隊精神，才能使所經營的企業繼續生存，不斷發展，而到永遠永遠！

二、要掌握有力資源

大家都知道，經濟的資源，是土地、資本與人力，卻很少人知道企業的資源是什麼？我們以為經營企業所需要的資源，最重要的就是時間、智識與信譽。今天我們是處在一個知識爆炸而競爭激烈的時代，尤其是貿易上的新知識，或生產上的新技術，已經是一日千里，不斷湧出，使我們每有應接不暇之感，如稍一鬆弛，即是落伍，略作遲緩，便遭淘汰。所以我們面對著這樣一個進步快速的時代，必須隨時培養自己接受新觀念的能力，吸收應運而生的新知識與新技術，並以之運用這些新知識與新技術，站在時間的尖端，為未來的明天作打算，而後方能使你所經營的企業有所成就。如果還有人以從前經營小商店的觀念，來管理現代企業，自然會受到限制，甚至要遭到失敗。有些人辛苦了一輩子，經由小本經營，逐漸擴大，至擁有幾百萬乃至幾千萬資本的大企業，心中便沾沾自喜，頗感欣慰。可是由於他不懂得現代企業經營管理的方法，其擴大營運的結果，反而更容易倒閉。所以，我國近十餘年來，凡是了解新知識在企業經營中具有重要性的工商界人士，如今多已成為有名的企業家。由此我們可以看出新觀念與新方法在工商業發展中的地位。不過，我們必須確認：新知識固為我們所需要，但是傳統經營企業的舊觀念，同樣的有它存在的價值。例如我們中國人做生意，重視商譽，講求信用，所以大家總以貨真價實和童叟無欺為號召顧客的憑藉。這些傳統的商業道德，在現代商場中，更需要廣為提倡而發揚光大。尤其是對於國際貿易，斷不可患有近視而求短利，去欺騙顧主。否則，不僅破壞了自己的商譽，同時定會使你已開拓的國際市場，也因此而喪失殆盡。這不但害了自己，而且也害了所有的同業；就整體而言，更是國家的損失。因此，在這裡我要特別強調：一個企業家，必須切實掌握著時間的搶先、知識的運用、和信譽的樹立這三種有力的企業資源，始能邁向成功之路。

三、要揚棄落伍觀念

有人說：「人是社會的動物」。因此，人不能離群而索居，尤其是經營企業，必須在國家保護之下，與社會消費大眾相互依存，各盡所能，為創造美滿人生而努力。一部人類歷史的進化，就是循著這個法則在向前走著。所以，在第二次世界大戰以後，一般企業界的人士，在其思想和觀念上，有著革命性的改變與突破性的發展，使他們深深地感覺到經營企業，要有國家民族意識，更要有對社會的責任感。因之現代的企業家，幾乎沒有一個人認為或敢說今天辦企業是純為求利。持有這觀點的人，至少在經濟高度發展的國家已經不多，因為這種思想已經是落伍的。當然，辦企業是為了賺錢，但賺錢並非企業家所要追求的最後目的。作為一個企業的主持人，其主要的責任，是為國家社會大眾謀福利，而與政府同心協力，發展經濟，使整個社會更繁榮，讓大家生活更幸福。尤有進者，今天由於經濟發展的結果，發生了一種啟示性的作用，使全世界的人都有了一個共同的覺悟，那就是不論那一個國家的人，也不論那一個種族的人，更不論經營那種企業的人，都普遍了解到時至今日，已經沒有一個國家，也沒有一個種族，更沒有一個企業，不與社會發生相互依存關係。換句話說，企業家賺了錢，要對他的國家、民族、社會，作各種不同的貢獻，才能使他的國家、民族、社會，呈現著一片和諧、繁榮與進步的景象。今天世界上所有經濟高度發展的國家，都已經知道再不積極的以自己的智慧與力量，去幫助其他窮困的國家，開發各種資源，改善其人民生活，絕不可能獨立生存與發展的。美國今天之所以將大量的金錢與物質，去協助一些落後國家的建設，即是基於這個道理。一個企業家所經營的事業，其目的如果說只是純為求利，不僅是一種落伍的思想，而且也因此註定他失敗的命運。

貳、配合國家的經濟建設

任何一種企業，如果經營者不瞭解自己國家經建計劃的指標，而盲目的去進行他所經營的事業，那是最危險的一種做法。

所謂國家經濟建設計劃，簡言之：就是有效運用國家有限資源，達成預期的各種目標所作的一種有系統的安排。至於經濟建設計劃目標，通常所指經濟成長，包括生產數量的增加，就業機會的增多（或失業率的減少），物價的穩定，以及所得與財產分配的平均等。

一個完整的經濟建設計劃，約可分為：經濟目標、經濟預測、與經濟政策三個部份。如依時間來分，則有長期計劃、中期計劃、與短期計劃三種。長期計劃，是十年以上到二十年，甚至有超過二十年者。中期計劃，多為三年至七年，一般是五年左右。短期計劃，可稱之為年度計劃。計劃的時期越長，我們的知識越貧乏，而了解也越少。但為了中期計劃的需要，對於長期計劃的一般情況，不能不作一預期或展望，例如十年後人口增加了多少？土地在工業、農業、交通和都市建設各方面的分配如何？都要有所預測。所以長期計劃只是一個展望計劃，但可作為中期計劃之基礎。我國自今年開始所實施的六年經建計劃，就是屬於中期計劃的一種。

一、執行經建計劃

我國過去自民國四十二年開始，連續執行了六個中程的「四年經濟建設計劃」，由於全國上下共同努力，政策措施與配合得宜，其發展已經獲致了顯著的成就；特別是在五十年至六十一年之十二年間，我國經濟成長率，平均每年都高達百分之九、五。因之，被譽為開發中國家經濟發展的典範。這種值得欣慰的榮銜，都是企業家所貢獻出來的。

今年，應該是第六期四年經建計劃的最後一年，但是由於民國六十二年，相繼發生世界性的通貨膨脹、糧食與石油危機，所導致全球性的經濟萎縮，使我國經濟發展，亦陷入了衰退的困境，而原訂的「第六期四年經建計劃」，已不能適應國內外經濟條件的變化，於是不得已才放棄六期四年經建計劃的最後一年，乃改變設計六年經建計劃，藉資因應。同時十項重要建設工程，正在積極推進，完成後對未來經濟發展，將有重大影響。為配合今後國內外經濟情勢的演變，有關十項建設完成後如何繼續進行其他重大建設有效措施，以促進國家現代化，必須把握時機，早作週詳策劃。因為若干重大建設計劃，自規劃至計劃執行到完成，需要時間較長，非四年經建計劃所可涵蓋者。故政府有關當局，乃研討「中華民國臺灣經濟建設六年計劃」，自本（六五）年起至七十年止，預定前期係致力於十項建設之如期完成，後期係規劃並進行十項建設完成後之其他重大建設，以開闢我國經濟邁向已開發國家之坦途。

二、加強應變能力

回顧近年以來，國際經濟情勢發生劇變，對我國經濟成長與穩定，構成嚴重威脅，以致我國經濟發展面臨許多難題。根據行政院經合會分析所得結論，計有以下各點：㈠國際市場動盪不安，影響國內經濟穩定。㈡勞動力不足與工資大幅上昇，導致對外競爭能力的降低。㈢世界各地市場競爭劇烈，使產品出口益加困難。㈣基本設施不夠，造成經濟發展瓶頸。㈤工業結構落後，致應變能力薄弱。㈥農業勞動生產力偏低，使農產品價格相對提高。自今年開始，經濟雖然有逐漸復甦現象，但大家均無錢可賺。政府當局針對此一情勢，除採取若干因應措施外，對於六年經濟計劃的研訂，其主要目的當在改善經濟結構，獎助發展資本密集與技術密集的精密工業及重化工業，同時加強各部門間之配合，以促進經濟現代化，並積極開發經濟資源，厚植經濟發展潛力，強化經濟應變能力，期使經濟建設與社會建設，得以平衡發展，逐步實現安和樂利之均富社會。

三、達成要求目標

談到六年經建計劃的目標，將集中全國力量，共同努力奮鬥，為建立一個符合民生主義的經濟架構完成奠基工作，而為農、工、商進入現代化的規模，塑造一個完全的雛型。於是在未來的六年間，將充分有效利用財政與金融政策，調節國民財富，保持物價穩定。如國際物價不再大幅波動，而國內物價上漲率仍維持每年不超過百分之五的水平，在計劃執行期間內，努力達成以下各項要求：㈠提高國民所得，改善人民生活，增進社會福祉。㈡實施人口政策，推行家庭計劃，加強職業訓練，增加就業機會。㈢開發山地與海洋資源，促進農業現代化，並改善農漁民生活。㈣積極從事能源開發，加強資本與技術密集工業之發展，結合公民營生產事業與國防工業，並改善工業結構。㈤如期完成電力及運輸通信等十項建設，以配合農工與貿易之發展。㈥結合農、工、商各界之整體力量，強化外貿組織，積極拓展國際貿易。根據以上經建計劃所要達成的六大目標看來，在績效上最顯著的，如提高國民所得，由本年每人所得之七〇〇美元，至民國七十年預計可增加為每人所得一、四〇〇美元；國民生產毛額的增加率，預定每年為百分之七．五；而在國民就業方面，預定每年可增加一七六、〇〇〇人，約計可增加一、〇五〇、〇〇〇人。

四、享受努力成果

當此項六年經建計劃完成之後，我們可以想見的，誠如行政院蔣經國院長所說：大家都有良好的營養可獲，都有優於目前水準的衣著可穿，都有整潔生活設備的房屋可住，都有更方便的大眾交通工具可用，都有接受更高教育程度的權利可享，都有更多更好的就業機會可得。這正是我們全民共同的理想，同時也是不久即可實現的事實。惟此一龐大的六年經建計劃，所需人力與物力至鉅，即以資金而言，總計約需新臺幣一六、一五〇億元，而由國內自籌者，為一三、一八二億元，約佔總資本的來源百分之八一．五；其他為人力、技術、及資源等各方面需要與配合尚多，決非政府或民間任何單方面所可完成，尤其是工商業界所負責任甚大。而且，此一六年經濟建設計劃，其成敗得失，攸關國脈民命，非努力達成不可。希望工商界以及全國同胞與政府群策群力，共同奮鬥，貫徹實施，使此一劃時代的六年經濟建設計劃，得以如期完成，以實現民生主義均富政策，讓我們邁向經濟開發國家之林！

五、策訂企業路線

以上僅就六年經建計劃的目標與基本政策措施，提出作簡要析述，至於各項有關細部設施問題，由於篇幅所限，無法一一說明。我想大家只要有了一個概括的瞭解，對工商界所經營的企業，應該有所幫助。不過我們必須確認：六年經建計劃的成敗得失，攸關國脈民命，工商界應予密切配合，全力支持其完成，而後大家所經營的事業，才能得到順利的發展。同時，在六年經建計劃執行期間，大家要特別注意到兩個環節：其一、由於國民所得逐年增加，生活日益改善，其消費水準當隨之提高。企業家應依據此一趨向，策訂營運路線，才不會遭到失敗；其二、由於經濟結構的改變，工業產品的轉型，以及資本密集與技術密集的工業發展，工商界必須切實配合，使各種初級產品昇格，並逐步擺脫以往勞力密集的加工工業。惟有如此，然後才能有所成就。總之，一個企業家經營的事業，絕不能盲目進行，必須依據國家經建計劃的指標調整營運角度；同時，更要隨著國家經濟結構的改變策訂企業發展，而後方可走向成功之路。

叁、掌握外在的情勢演變

一個成功的企業家，不僅要懂得現代企業經營哲學、瞭解國家經建計劃指標，更要認識國際一般情勢演變。如此經營企業，方能把握商機，因應變局，穩定腳步，應運而起，而獲致成功。

一、在政治衝擊方面

那麼，我們如何去認識國際一般情勢呢？關於此一問題，我個人以為：如果單純的從國際經濟活動上去認是不夠的，同時更要從國際政治演變中去認識，才能獲致全盤的了解。因為經濟與政治事實上是互為表裡，二者有其不可分割的關係，經濟對政治有極大的影響，而政治對經濟更常有嚴重性的衝擊。例如當前具有影響世界經濟的石油問題，與其說是國際經濟問題，毋寧說是國際政治問題。我們知道，任何一種產品價格的變動，都是決定於供求關係，在市場上有其自動調整的機能。而中東各產油國家，以集會協商的方式，統一提高石油售價，進行其經濟壟斷與政治敲詐，就是經濟與政治交互影響和衝擊的一種最具體的說明。尤其是在第二次世界大戰結束以後，由於開發中國家的崛起，以及所謂「第三世界」的形成，促使世界經濟越來越政治化，因此在國際上有許多經濟問題，已無法單從純經濟的角度的去看，更無法單就純經濟的範疇之內去尋求解決之道。相反的，必須從政治利害與要求上來考慮經濟因素，尤其要以政治智慧與手段來衡量經濟利害，才能獲致解決的途徑。以現階段的世界情勢而論各自由國家，無不為通貨膨脹及能源危機所困，而開發國家與開發中的國家之間，已形成了所謂「南北半球」的經濟矛盾，更隱藏著政治衝突，而且具有一種爆發的危險性；同時再加上國際共黨世界在各地到處放火，製造動亂，藉以進行滲透、分化與顛覆等各種侵略行動，使整個國際經濟陷入政治利害的泥沼，而無法正常發展。在這種情形之下，自由世界各民主國家，必須求得在政治上的團結與經濟上的協調，才能謀取文明人類的福祉，否則，其前途將不堪設想。所以我個人時常在想，古典經濟學派把經濟學稱之為政治的經濟學，不是沒有其理由的。一個企業家要瞭解國際經濟動向，絕不能忽略了政治因素。

二、在危機處理方面

現在，一九七六年行將終了，檢討這一年來國內外一般經濟活動情形，可說是由三年前因能源危機所導致的世界經濟萎縮開始復甦的一年。我想今天所有的企業家，一定會想到下年又將如何？要瞭解此一問題，在國際間即將來臨的有兩件大事，值得我們注意，那就是產油國家又在醞釀調整石油售價，美國第三十九屆總統當選人卡特就任後，在經濟上所採取的政策又如何？均將會影響世界經濟發展。關於石油漲價問題，現在石油輸出國家組織，正在卡達舉行會議，由於正反雙方互不相讓，已決定兩種不同的漲價幅度。其一是沙烏地阿拉伯和阿拉伯聯合大公國，漲價幅度為百分之五，其餘十一個國家，漲價幅度為百分之十。這對我國來說，並未構成太大的衝擊，因為我國每年所進口的原油，共為八千萬桶，其中百分之四十，是購自沙烏地阿拉伯，其餘是分別購自科威特、伊朗、及印尼等國家。按已決定兩種漲價幅度，平均約為上漲百分之八，可以說相當緩和。但對整個國際經濟而論，是有其不良影響的，至少會阻滯世界經濟復甦的步伐，所以美國總統當選人卡特，曾為此提出嚴重的警告。至於美國未來的經濟政策，在卡特總統競選時，對解決美國當前經濟所提出的主張，大致可以看出一個端倪。卡特總統就任後，為刺激經濟景象，抑制通貨膨脹，以及解決工人失業問題，可能實行減稅措施，對外則採取保護主義。果若是，此不僅對我國有所影響，對整個世界經濟活動亦均有所不利。我們預料他會對我輸美產品的設限，將會由此而擴大。今後不但對我紡織品及農產加工品之蘆筍洋菇罐頭輸美有所限額，繼之而來的如塑膠鞋，甚至電子產品，亦均可能會列入到設限之內。因此，我們可以預測一九七七年的世界經濟動向，即令不會由此再度陷入萎縮，然其成長率當較本年為緩慢。空前的繁榮固然不會再出現，但亦絕不可能導致嚴重的蕭條。如果能有所好轉的話，恐怕也要延遲到第二季才能開始。在此種情況之下，我工商業界，必須配合政府為此所採取的因應措施，同時，更需要審慎將事，才能應付變局而不會遭到失敗。

三、在威脅事件方面

另外，在國際上尚有一件已經構成嚴重威脅的事件，大家必須加以正視，否則，一切努力所獲致的成果，均會成為泡影而無從享受。那就是共產主義暴戾思想的本質，與其企圖赤化全世界和奴役全人類的野心，將永遠不會改變。任何一個文明人類的個人，包括企業家在內，尤其是各民主自由國家的執政者，對其絕不能存有任何幻想，更無妥協餘地。本來，一部人類的歷史，是以戰爭與和平相互交織發展而來。由最初部落與部落間的衝突，演進到國家與國家間的衝突，再變為國際集團與國際集團間的衝突。這是第二次世界大戰以前，在人類的世界歷史中，由社會或國際利害關係的不協調所發生的一種現象。到了第二次世界大戰以後，這種衝突的現象，雖然已經透過各種和諧方式不斷的努力，但是依然未能予以消除而繼續存在；同時在這種新的世界情勢中，卻出現了一項在本質上與過去完全不同的紛爭，那就是所謂：「意識形態與生活方式的衝突」。而這種衝突，在基本上有其不同的特殊性質。像過去部落與部落、國家與國家、國際集團與國際集團間的衝突，除種族或宗教而外，都是基於現實利害的不協調所引發；同時傳統的部落、國家、或集團間的衝突，在某些情勢與條件許可之下，都可以用政治協商，使雙方相互讓步與妥協，而歸於和平與修好。但是戰後所形成的意識形態與生活方式的衝突，卻是屬於共產主義邪說與自由民主思想和行為的衝突。而這衝突卻已超越了國家或集團的界限，形成了整個世界形勢中基本上的對立，毫無任何妥協的可能。所謂「和平共存」，那只是共產集團偽裝笑臉，所運用的一句騙人的口號。所以今天在國際間，任何一個國家的動亂，決不是這一國家的內戰；任何一個地區的紛爭，也決不是某一國家與某一國家間現象利害的不協調，而是國際共產集團與自由民主陣營兩極思想的博鬥。因之任何一個文明人類的個人，尤其是企的經營者；任何一個民主國家與其執政者，均無法置身事外。今天我們要想遏阻這般人類思想的逆流，每一個人都要付出一分代價，貢獻出一分力量，共同奮鬥，才能贏得這場反極權戰爭最後的勝利。

按當前國際局勢的演變，不論是美國卡特新政府的產生，以及日本首相的易人，均是朝向著反共有利的方向發展。一個企業家，必須認識經濟與政治不可分的關係，而經營任何事業，不僅要與社會消費大眾相互依存，更要與國家乃至世界連成一體，才能認識問題的發展有其連鎖性，而施展抱負才有所作為。

肆、創造人生的永恒事業

任何人都不能否認：企業家在經營事業所發揮的一種積極創造精神，無疑是促進經濟發展與社會進步的重要因素，而企業家為追求利潤與謀取發達所作的多方面活動，以刺激並帶動資本形成；尤其是由此觸發而來的生產技術革新，對物質文明與人類生活的改善，乃產生了深遠而重大的影響，這是值得我們欽佩的一種成就。但是，作為一個現代的企業家，除確認所背負的國家和社會責任之外，尤應肯定人生事業永恒價值，去創造更多更大的貢獻。

一、要了解人生的意義是什麼

也許大家要問：甚麼叫做「人生事業」？要了解這一問題，首先要認識甚麼叫做「人生」？也就是說人生的意義何在？然後才能知道甚麼叫做人生事業。當然，做生意是為了賺錢，這是天經地義的事；但是，賺錢並非企業家經營事業最後的目的。就像吃飯是一個人為了生活的一樣，這是極其簡單的道理；那麼我們要反問：

一個人的生活，是否僅僅就是吃飯？如果說生活就是吃飯，今天台灣所有的企業家，都不需要整年累月勞碌奔波那樣辛苦了。因為一個人的生活，包括著生命，根據人性求生存的本能，不僅需要物質來維護他的生存，更需要精神的一面，來創造他人生的事業，而發揚其生命永恒的價值。譬如說古代的君主，以他的地位，已經是貴為天子，富有天下，為甚麼還不能使他感到滿足，乃有祈求鍊丹吃後成仙或長生不老的幻想？這就是說明人性由求生存到求永生的具體寫照。我想所有的企業家都會瞭解，一個人生命的歷程，最多不過百年而已，有形的軀體是無法永在的，只有從他的人生的事業上，為改善人類的生活所作的努力，能夠有了突破性的發展，去創造精神價值，才能永垂不朽。例如我國的燧人氏發明鑽木取火，教人熟食，人民便奉他為皇帝，公輸子只不過是一個巧匠，後來便成為木器工業界的始祖，這不就是最好的說明嗎？

二、要認識人生的價值是什麼

如是以談，或許有人又要問到：這種人生事業的最高境界，是不是每一個人都能做到？關於此層，我個人以為：這不是大家能不能做的問題，而是大家要不要做的問題。要知道人生事業是利他的，而不是利己的，惟其是利他，所以才能創造出永恒的價值。一個企業家，除將本求利之外，在創造人生事業的過程中，如果你要有所「取」，必先要有所「予」，這就是「欲取之必先予之」的道理。你付出的越多，而你所收穫的也越大，其永恒的價值，也就是在這種條件之下所創造出來的。

明乎此，我們當可瞭解，現代企業家經營任何事業，不能說不是為了賺錢，但賺錢只是手段，並非最後的目的。換句話說，企業家因對國家社會負有責任，其經營事業便不能純為求利打算，必須配合政府經濟政策，在民生主義計劃性的自由經濟制度之下，謀求國家經濟及社會建設整體發展。因此，企業家在策訂經營事業的設施上，不僅要提供價廉物美的商品，而且要使企業所創造的利潤為公司員工及投資大眾所共享。同時在經營企業之外，更要積極的參與社會建設運動，貢獻出自己的才能去努力於平均社會財富和改善社會結構的實際工作，使經濟發展與社會建設獲得進一步呈現出一片安和樂利的景象，這才是一個企業家應有的責任。最可惜的是，現在我們依然聽到有少數的企業或企業家走私漏稅的消息，也看到許多不實的商品廣告宣傳。他們不顧國家及消費者的利益，只知拚命賺錢，擴大營運，最後的確累積了不少的財富。但是，是否想到當他們離開這個世界的時候，究竟得到些甚麼？

又帶走些甚麼？這種無意義的經營行為，不是一個有抱負有眼光的現代企業家所當為者。

所以，一個成功的企業家，他的營業方針，一定是抱著「取之於社會，而用之於社會」的胸懷，對社會作更大的貢獻。就像設立各種基金會或財團法人一類的組織，以舉辦獎助學術、文化、藝術、及體育等各種有意義的社會活動；乃至從事一般慈善事業或社會福利工作，更是理所當為之事。現在國內凡是有遠見的企業家，在這一方面已經有不少的表現。相信，只要每一位企業家都能朝著此一方向努力奮鬥，定會實現他人生事業所要達成的願望；同時，在他努力奮鬥的過程中，對於企業經營方法、管理制度，或生產技術，只要有一點突破性的創造，那怕是發明一顆螺絲釘，有利於國家、社會、乃至世界人類，即將會因此而永垂不朽。如是，人生才有意義，生命才有價值。作為現代的一個企業家，應該有這種抱負、認知與作為，那才是正確的。

後記：本文係本人於一九七七年十二月十八日應邀於臺灣省商業會舉行的各縣市商業會理監事聯席座談會中發表專題演講時所寫。

第九篇　是體制性的

主題：民生主義經濟制度之理想境界

國父孫中山先生的民生主義，其目的不僅在謀取人民經濟的平等，而且在求民生問題的整體解決。換句話說，民生主義，即是「均富」與「共享」的主義。

壹、前　言

所謂均富，我們要特別加以界說與強調的，即是總統　蔣公在闡釋民生主義真諦時說：「民生主義並不是把富人打得貧窮，而是要把窮人同歸於富足」。由此可知民生主義，在求「富而均」，而並不是在使「均而窮」。是以民生主義經濟制度，顯而易見的，是在創造社會經濟繁榮，以達到全民所「共享」的理想境界。

貳、民生主義本我先民所固有

任何一種主義或思想，皆有其淵源所自，絕不可能憑空而來。所謂「民生」，本是我國固有的一個名詞。如「民生在動，勤則不匱」之說，即為一證。所以 國父說：「民生兩個字，是中國向來慣用的一個名詞，我們常說什麼國計民生」（「民生主義」第一講），即是由此而來。可知民生二字的本意，也就是中國傳統的經濟思想。具體的說，約可分為下列各點：

一、養民的經濟思想

我國歷代為政，除極少數暴君而外，無不以養民為首要之急務。故經書有云：「德惟善政，政在養民」。再子貢問政，孔子先告之以「足食」。管子亦云：「衣食足而後知榮辱，倉廩實而後知禮義」。降至孟子，更主張「使民養生喪死無憾，為王道之始」，並謂：「明君制民之產，必使仰足以事父母，俯足以蓄妻子，樂歲終身飽，兇年免於死亡，然後驅而之善」。此均足以說明我國傳統的經濟思想，皆以養民為本。

二、共享的經濟政策

我國至聖先師孔子的經濟政策，是主張「均無貧」，故云：「不患寡，而患不均」。此種共享的政策，在中國歷代的經濟措施上，可以說普遍受到重視。漢儒董仲舒說：「聖者使富者足以示貴，而不至於驕，貧者足以養生，而不至於憂，以此為度，而調均之」。就是希望做到「共享」的境界，而不要造成貧富懸殊的現象。國父認為：「以言民生，則不患憂而患不均之說，由學裡演為事實，求治者以摧抑豪強為能事，以杜絕兼併為順德，貧富之隔，未甚懸殊」（民國十二年元旦，中國國民黨宣言）。可見此一固有的「共享」政策，為我　國父繼承而予以實現。

三、井田的經濟制度

我國最早的土地政策，即是周朝的「井田制度」。此一制度的特點，既可做到平均，又可防止兼併，所以　國父說：「諸君或者還不明白民生主義是什麼東西？不知道中國幾千年以前，便老早就行過這項主義。像周朝所行的井田制度，漢朝王莽想行的井田方法，宋朝王安石所行的新法，都是民生主義的事實」（「打破舊思想要用三民主義」）。同時，他對實行民生主義方法之一的「平均地權」與「井田制度」的關係，更一再強調：「平均地權者，即井田之遺意也。井田之法，既板滯而不可復用，則惟有師其意而已」（民國八年　國父所著：「三民主義」文言本）。此即說：「對於土地，宜先平均地權。此與中國之井田同其意，而異其法」（「軍人精神教育」）。此項土地政策與經濟制度，　國父既然認為是民生主義的事實，而其民生主義經濟思想之主要部份，無疑是因襲我國傳統經濟思想與制度之精神而來。

叁、民生主義經濟思想之時代背景

國父第一次提出「民生主義」，即闡明它與世界潮流有著密切關係，他說：「世界開化，人智益蒸，物質發舒，百年銳於千載，經濟問題，繼政治問題之後，則民生主義躍躍然動，二十世紀不得不為民生主義之擅長時代也」（民報發刊詞）。可見　國父的民生主義思想，是因世界進化的事實所發生。例如：

一、民生問題的由來

㈠中國因曆代重農輕商，所導致的普遍患貧。

——這是在「生產」上所發生的問題。

㈡歐洲因由於產業革命，所導致的貧富懸殊。

——這是在「分配」上所發生的問題。

二、經濟演變的結果

㈠是商業戰爭：

——為促進生產進步的一種方式。

㈡是階級對立：

——因貧富不均所致的一種病態。

㈢是和平改革：

——乃思患未然預防的一種辦法。

以中國當時所處的環境而言，是在滿清統治與帝國主義侵略雙重壓迫之下，致社會經濟日益窮困，民不聊生。尤其是在滿清閉關自守的二百六十餘年間，正是歐美各國脫離中古黑暗時期，開國創業，發奮圖強之際。中國一經與西洋近代文明接觸，便發現自己生產落後，社會貧窮的慘狀。所以　國父說：「盜賊橫行，飢饉交集，哀鴻遍野，民不聊生」（香港興中會宣言）。又云：「方今伏莽時聞，災荒顯現。完善之地，已形覓食之難；凶祲之區，難免流離之禍。是豐年不免於凍餒，而荒歲必至於死亡」（上李鴻章陳救國大計書）。此正是中國當時情形之寫照。加之世界各帝國主義者，以其先進工業技術之條件，並憑藉不平等條約為其工具，在中國進行種種經濟浸略，使我民族工業幼苗，更無法長成。所以總統蔣公在其所著「中國之命運」一書第三章中，便坦誠而痛心的指出：「使我們社會事業疲敝不堪，使我們人民生機日竭一日，游民盜匪因之日多，而國勢就已從此而蹙了」。又說：「我國經濟，受了不平等條約這種影響，所以造成了國不自保，而民不聊生的危機」，這是何等的悽慘！

三、社會革命的防範

我們知道我國係以農立國，土地是我國經濟中心問題，雖然我國無大地主，但土地多集中在一般小地主手中，已經形成農地分配不均的現象；且各通商口岸，並已發生都市土地漲價的不勞而獲情形，所以此時的土地問題，已經是露出了端倪。關於此層　國父早就看出，他說：「社會問題，在歐美是積重難返，在中國卻還在幼稚時代。但是將來總會發生的，到那個時候，收拾不來，又要弄成革命了。革命的事情，是萬不得已才用，不可頻頻用之，以傷國民的元氣。我國實行民族革命與政治革命的時候，須同時想法子改良社會經濟組織，防止後來的社會革命」（「三民主義與中國民族之前途」）講演詞）。可見　國父當時既鑒於歐美之社會革命不可免，又感於中國民生凋敝，為救中國之貧窮，與預防將來分配不均問題之發生，故而提倡「民生主義」。

國父的民生主義思想，既是因應世界潮流與依據中國環境所產生，其在中國當然有深厚之本源，適合中國之需要，行之必收事半功倍之效。所以　國父對此乃肯定其說：「夫事有順乎天理，應乎人情，適乎世界之潮流，合乎人群之需要，而為先知先覺者所決志行之，則斷無不成者也」（「孫文學說」第八章）。

肆、民生主義經濟體制之特質

民生主義的經濟，其目的在求「均富」。故在執行所採取的措施上，主張經濟民主與平等，藉以解決人民生活之同時解決社會問題。所以，我們必須就此加以確認的：

一、**民生主義絕不是資本主義**：因為民生主義雖承認並維護私有財產與自由競爭，力求發展生產事業，創造資本，但同時卻更主張以均富政策與累進稅制，去節制私人資本，平均社會財富，以謀求全民的經濟平等與生活福祉。

二、**民生主義也不是社會主義**：民生主義也不是一般人所幻想的「社會主義。」因為民生主義的經濟，在本質上是一種「自由經濟」，而社會主義經濟，是屬於「統制經濟」的一種。故其所採措施，絕大部份的生產工具均屬公有，並以管制的高壓干涉政策，強迫生產，限制消費，勢將窒息私人企業，影響經濟發展。

三、**民生主義更不是共產主義**：因為民生主義的經濟，不主張資本收歸本有，更反對共產極權式的統制經濟制度。所以民生主義不僅容許人民的經濟自由活動，而且給予其充分的自由與民主。

因此，民生主義經濟所採取的措施，是以全民的需要為前提，以國家與社會整體利益為依歸，將工商業分為「公營」與「民營」兩路進行，相互配合，發展生產，創造財富，以均足國計民生為目的；對民族工業，採保護鼓勵，協同調節，而發揮企業精神為手段；至於改進稅制，健全財政，尤為國家經濟建設之必要條件。

一切先求「其有」，次求「發展」，再求「共享」。

如是以談，也許有人要問：民生主義的經濟制度，究竟是「自由經濟」，還是「計畫經濟」？根據　國父民生主義之經濟思想，我們可以體認到民生主義的經濟制度，既不是放任的自由經濟」，也不是「統制的計畫經濟」，而是一種「計畫性的自由經濟」，但在其本質上，仍屬於自由經濟的一種，這是我們首先必須加以肯定的一個原則。

那麼，什麼是「計畫性的自由經濟」？要了解這一問題，就必須先行了解什麼是「自由經濟」？相互與之比較（詳見拙作「均富政策與經濟發展」一文），然後就很清楚的了解到什麼是「計畫性的自由經濟」了。

伍、民生主義經濟建設目標與基本政策

一、經建目標

根據民生主義經濟思想及其體制，可歸納為以下三個目標——

㈠提高國民所得，改善人民生活。
㈡鞏固經濟基礎，厚植國家力量。
㈢加強對外關係，增進國際地位。

二、基本政策

為達成上述經濟建設目標，我們的經濟建設基本政策，應歸納為——

㈠建立均富社會：此一政策，在促進經濟成長，實現工業化之同時，力求國民所得差距之縮小，以達到均富社會之境界。

㈡實施自由經濟：在此一政策下，除國防及重大關鍵性之工業，應由國家經營外，一般工商業的均為民營，並採自由企業與自由競爭之原則，加以有效輔導，藉以鼓勵加速經濟發展。

三、演進過程

㈠規劃時期——自民國三十四年至四十二年。以逐年整頓公營事業，積極扶植民營企業為實施要領，這是我國經濟建設十年規劃開始的第一步。

㈡發展時期—自民國四十二年至六十五年。此一時期，係採取適度保護政策，並獎勵外人來華投資。一面擺脫落後國家經濟型態之同時，改變農產加工業之結構，發展輕工業及提高產品品質，及早實現工業化，一面加強開拓國際貿易，以及經由開發中的國家，而向已開發國家的征途邁進。

㈢開發時期—自民國六十五年後……。此一時期，就國家整體經濟而言，從表現上看，雖然是一轉型階段，但實際已經到了一個開發時期，因此，在政策上，是以發展資本密集與技術密集之精密工業及重化工業，並積極輔導成立大貿易商，將我國工業產品，透過世界性的銷售網，向世界各國輸出，期能及早邁向已開發國家之林。

陸、民生主義現階段經濟建設方針

一、經濟成長快速

如就國民生產來說，民國六十七年，我國國民生產毛額，據經濟部初步估計，已高達新台幣八千八百九十四億元，較民國六十年的二千六百一十四億元，增加了二點四倍；如與民國六十六年相較，剔除物價上漲後之實質經濟成長率為百分之十二點八，此為我國實施經濟建設以來，最高的一年。至於平均每人所得，民國六十七年，估計為新台幣四萬八千二百四十元，折合美金一千三百零四元，較之民國六十年的一萬六千二百九十元，增加了一點九六倍，其成長率不為不高。例如：

㈠**農業建設**—台灣農作產品，雖受耕地面積限制，但因單位面積產量逐年提高，歷年仍有相當成長。民國六十七年，經初步估計，農業生產總額（包括農、林、漁牧），較民國六十年，增加百分之二十一點四。如就六十年代以來的分類指數年平均成長率來看，其中以畜產達百分之七點九為最快，其次為漁業為百分六點一，農作物為百分一點四，林產則因配合水土保持計畫，砍伐量減少而為負百分之八點五〇。現在臺灣主要糧食包括食米、糖、蔬菜、肉類及水果等，不僅可以自給自足，尚有餘量外銷，這是值得我們驕傲的地方。

㈡**工業發展**—發展工業，為我國經濟建設的中心環節，自民國四十二年實施四年經濟建設計畫以來，即積極的指向工業化途程邁進。自民國六十年代以後，雖受世界經濟衰退影響，但總生產量仍增加一倍以上。以民國六十七年的工業生產增加最快，創二十五年來最高成長紀錄。根據經濟部初步估計，其生產量總指數，較前年增加百分之二十五點四，其中製造業增加百分之二十七點八為最高，其次為公用事業為百分之十六點四，房屋建築為百分之十三點八，礦業最低，僅為百分之二點八。在製造業中，重化工業的增加率為百分三十九點一，而輕工業為百分之十五點一，顯示重化工業的增產更為強勁，因之工業結構正在發生顯著的轉變。

㈢**投資擴張**—投資的擴張，是促進經濟成長的主要因素。而投資財源，不外國內儲蓄與國外資金流入兩途。我國近年以來，由於民間可支配的所得隨經濟快速發展而增加，國民儲蓄能力與意願亦因之提高，以國內儲蓄毛額佔國民生產毛額比重均逐年遞增，根據民國六十七年估計，已提高至百分之二十九點九，因此，國內儲蓄已構成投資之主要財源。如就國內工商投資分析，截至民國六十七年底止，歷年來登記設立及增資的公司行號累計投資金額已高達新台幣七千餘萬億元。尤以六十七年這一年內核准登記者計三萬四千八百零一家，登記資本額高達一千五百二十四億元為最多，較上年增加百分之四十點四。如加上政府貸款及各業所需之週轉資金等，則六十七年全年資金總額高達四千五百七十二億一千五百萬元。其中，製造業佔百分之四十二點一，商業及服務業佔百分之五十五點三，其餘佔百之二點二。近年來，由於投資環境的不斷改善，僑外投資也逐年增加，截至去年底止，共計核准之僑外投資累計已達十九億二千四百萬美元。其中，僑資佔百分之三十，約五億九千九百萬美元，外資佔百分之七十，約為十三億外資為一億三千七百萬美元。又去年全年核准國內及僑外投資加工貸款與週轉金等合計，去年工商業之資金總額估計達四千六百四十八億元之多，創歷年來最高紀錄，足證我國國民對國內經濟發展前途，充滿無比堅定的信心。

㈣貿易拓展——近年來我國致力於拓展對外貿易，使輸出入金額均有急劇增加。根據海關統計，民國六十七年，我國對外貿易總值，已達二百三十七億二千七百萬美元，較之民國六十年的三十九億零四百萬美元增加五點一倍。如就輸出金額來看，民國六十七年，達一百二十七億零五百萬美元，較之前年的二十億六千萬美元增加五點二倍，每年平均成長率均在百分之三十以上。至於輸入總值，民國六十七年為一百一十億二千二百萬美元，較之前年的十八億四千萬美元亦增加五倍。輸出入相抵，除民國六十三年及六十四年因世界能源危機所導致經濟萎縮有入超外，其餘各年均為出超。

二、結構轉變顯著

近年來，我國的經濟結構，是隨農工業成長幅度不同而有所變動。在民國六十年時，工業產值佔國內生產毛額的比重為百分之三十六點五九，至民國六十七年則提高到百分之四十點三，而同期農業則由百分之十五點二六，相對降低為百分之十二點〇，顯示我國整體經濟結構，正向工業化的征程邁進中。

㈠**工業結構的轉變**—民國六十七年，重化工業產值佔全體製造業的比重，約為百分之五十七點五，民國六十年則為百分之四十一點九，同期內輕工業比重，則由百分之五十八一變而為百分之四十二點五，顯示我國工業結構正逐漸趨於健全，當今年十項重要建設工程中之重化工業建設次地完成後，使重化工業的比重，必將再度提高。

㈡**就業結構的轉變**—我國經濟發展的成就，應歸功於人力資源的豐富。根據勞動力調查統計，民國六十年經濟活動人口共計四百八十二萬人，至民國六十七年提高為六百三十七萬人，計增加一百五十五萬人。其佔總人口的比例，亦由百分之三十二點四六升為百分之三十七點三三。自六十年代以來，由於工業化之迅速擴展，就人口的職業結構，也隨經濟結構的改變而有顯著的移動。根據六十年的調查顯示，農業就業人口計一百六十七萬人，而六十七年則減為一百五十萬人，七年來，減少了十七萬人。同期內，工業就業人口則由一百四十三萬人增至二百四十七萬人，服務業由一百六十四萬人增為二百三十萬人，參與工商業的就業人口，計增加一百七十萬人。就各行業所佔就業總人口的比例來看，則農業就業人口已由六十年的百分之三十五點一降為百分之二十三點九，同期內工商從業員工則由百分之六十四點九，相對提高為百分之七十六點六。由於此項變動，可見工業之迅速成長及農業生產力的提高。

㈢**貿易結構的轉變**──我國輸出商品，在民國四十年代，是以農產及其加工品為主，工業產品僅百分之五。至民國六十七年，工業產品輸出，已佔整個輸出總值的比重高達百分之八十九點一，較之民國六十年的百分之八十點九，又再度提高。同期內農產品及農產加工品，則分別由百分之七點九及百分之十一點二，相對降低為百分之五點〇及百分之五點九，因此，工業產品已成為我國輸出的骨幹。至於輸出的地區的分散，乃為我當前貿易重點工作之一。大家都知道，美國向為我輸出之主要市場，歷年來均高佔我輸出總值的百分之四十五以上，到了民國六十七年比重已降為百分之三十九點四。至於我國對美的雙邊貿易額，民國六十六年為美金五十五億元，列為美國對外貿易夥伴的第十一位，民國六十七年由於貿易額增為美金七十四億元，已升到貿易夥伴的第八位。據美國商務部一九七八年十二月二十四日宣佈的估計，到一九八一年將可達美金一百二十億元。歐洲及日本市場，民國六十年分別佔百分之九及百分之十一點九，目前已升為百分之十二點九及百分之十二點五，這是可喜的現象。

三、貧富差距縮小

在策定加速經濟發展過程中，希望能作到在提高國民所得之同時，縮小所得差距，以平均社會財富，作為我實施經濟建設計畫之基本目標。二十餘年來，由於民生主義經濟體制作為指導方針，如實施土地改革，關鍵事業國營，以及歷年來政府應用各種財政和經濟措施的成功，力求平均家庭所得，縮小社會貧富差距，使經濟建設成果，能為全民所「共享」。因而已逐步達到「均富」政策目標，而建立了「安和樂利」的社會。根據民國六十七年的統計，其佔全國家庭總戶數百分之二十的高所得者，與百分之二十的的低所者之平均每年家庭收入比較，在民國四十一年，其比例為十五比一，二十年後，到了民國六十一年，則降為四點四九比一，至民國六十六年，再降為四點二一比一，此顯示我國民所得之分配已相當均衡而社會化了。所以，在國民福利方面，亦已有了良好的基礎。

四、國民生活改善

由於國民所得不斷提高，使一般生活水準有著顯著的改善。根據民國六十七年的統計，平均每人每天所攝取的熱量，為二千七百卡路里，蛋白質為七十八公克，均居亞洲首位。在保健方面，因所得提高，醫療發達，以及公害防止和生產環境的改善，使男女平均壽命，已達七十二歲，較民國六十年的六十八歲，增加了四歲。家庭用電普及率，以人口計，已達百分之九十九點八，除小部份深山及離島地區外，均能享受用電的方便。學童的就學率，計達百分之九十九點七。電視機每戶人家均擁有一臺，較之民間六十年前的零點六八臺，又有顯著的增加，其中彩色電視機的增加更加迅速。這說明我國民生活水準，亦在不斷的提高。

所以說國父的民生主義之經濟制度，在措施上不主張自由放任，亦不採取階級鬥爭，而是在使人人皆有發揮其能力的機會，讓大家本著企業的精神，從事經濟活動以及其事業之發展，期能走向國家工業化、生產科學化、資本大眾化，與分配社會化，以實現「均富」與「共享」的理想，而達到富強、安和、樂利的境界。今日臺灣經濟建設所獲致的成果，即是此一籃圖具體的表現。我們知道：自由放任的經濟學說、證諸事實，固然忽略了大眾的利益，有其先天上的缺點是不對的；而共產主義創始者馬克斯則以階級鬥爭的方法，去打倒資本家，而建立起共產社會的集體經濟制度，乃純以階級私利為本源，更是大錯而特錯。

一個國家的經濟建設，合理的計劃與有效的執行，應為其快速發展與成長的基本因素。我們根據民生主義「均富」與「共享」的經濟政策，自民國四十二年開始，先後連續的已經進行五個四年經濟建設計劃。二十餘年來，由於政府暨民間共同努力，各方因應與配合適宜，使臺灣經濟成長率的快速，在世界各主要工業國家中，已居於領先的地位。正由此種關係，有人認為我國經濟發展，幾乎近於奇蹟。而今農工生產仍在繼續增加，對外貿易更是不斷拓展。因之國民所得逐年提高，大眾生活更日益改善，而且普通家庭均已享有電氣化，一般休閒活動亦隨之日趨普遍。此種社會繁榮與民生康樂的情形，皆足以證明「均富」與「共享」的經濟政策之正確性。

五、社會福利增進

至於談到我們過去在執行五個四年經濟建設計劃的過程中，所採取的措施，除加強農村經濟建設，增加農業生產，提高農民收益；及全力發展工業，期使國家能大踏步邁向工業化途程而外，更注意到勞資關係的協調，勞工福利的增進。因為民生主義經濟制度，對於勞資關係，是以合作與互利的原則，共謀經濟之發展。所以我們一方面增加農工生產，一方面要改善勞動大眾的生活。換句話說，民生主義經濟制度，不僅要達到國家工業化，而其所創造的財富，在分配上還要達到社會化，此亦即是走向「均富」與「共享」的最佳途徑。因此，對於勞工大眾福利的謀取，也就成為我國經濟發展過程中一項重要的措施。我們知道， 國父的民生哲學，早就確認社會的進化，是由於大多數人的經濟利益相調和，而不是大多數人的經濟利益相衝突。總統蔣公也說：「社會進化與經濟發展，是建立在勞資雙方互助合作的基礎上」。又說：「生產與福利並重。勞方應努力生產，以求福利的增進；資方應增加工人福利，以謀事業的發展」。所以說民生主義經濟制度，是在創造經濟繁榮，謀求大眾福利，以期達到「共享」的目的。故凡對於勞工待遇的改善、勞工教育的推行、勞工保險的舉辦、勞工地位的提高、勞工權益的保障，以及工礦安全的檢查等，無不積極推行。此外，為貫徹實施民生主義現階段社會福利政策，並倡導「勞工分紅入股辦法」，期使服務於公民營事業單位之職工，本生產利益為勞資共享之原則，以分紅之所得，購買其事業機構之股權，使他們也成為股東之一，大家共為生產事業創造更輝煌的遠景，使國家經濟建設更能迅速發展，社會更能繁榮進步！

柒、民生主義經濟建設所創造的奇蹟

一、國民生產毛額逐年增加

當我們瞭解了民生思想淵源所自，民生主義的時代背景，同時也瞭解了均富與共享的經濟政策之後，接著我們要瞭解的是，在民生主義經濟制度之下，二十餘年來在復興基地的經濟建設，究竟獲致了哪些成就？關於此點，則不必用冗長的文字來說明，只要將經濟成長率及其發展的實值數字稍加列述，即可窺其梗概。根據國民生產毛額（Gross National Product）：在過去的二十年中（自一九五三到一九七二），即自民國四十二年起至六十一年止，國內生產毛額之增長，略可分為兩個階段，前十年為第一個階段，在此一時期，每年之平均成長率，約為百分之七點二，後十年為第二個階段，在此一時期，每年平均成長率，已達百分之十點四，與日本經濟發展相彷彿，並列入世界經濟成長率最高國家之一。至民國六十二年與六十三年（一九七三與一九七四），由於情形特殊，前者成長率高達百分之十二點三，後者成長辛僅為百分之零點六。此非正常狀況，不予論述。由此可知民生主義經濟制度，二十餘年來在復興基地之所以能創造如此輝煌成果，無疑的乃是由於其本身方向的正確。

二、國民生活水準相對提高

其次，從最近臺灣省家庭收支調查的資料中，可以看出臺灣省一般民眾的生活程度，已隨國家經濟建設之快速發展而有顯著的改善。就其中資料統計分析：臺灣省的家庭，平均每戶全年所得已達新台幣九萬四千一百九十一元，平均每人每年所得一萬七千三百八十二元。此不僅說明國民生活水準相對提高，同時亦顯示國民儲蓄能力亦隨之增強。因此，一般家庭現代化的設備，已日趨普遍。諸如：電視機每一點二二戶及有一架，電冰箱每一點八二戶即有一座，洗衣機每三點九五戶即有一臺。正由於能有此種成果，所以到了民國六十三年台灣省的男女平均壽命，均較民國三十四年臺灣光復前增加二十五歲之多。此亦顯示一般民眾生活的富裕、教育的普及，以及醫療衛生的發達，所以國民壽命亦年有增加。

三、國民所得分配漸趨均衡

再者，根據行政院經濟設計委員會所編製的社會福利指標顯示，我國二十年來平均每人所得增加三倍。此項社會福利指標，係以科學方法，分別從國民所得與分配、經濟穩定、公共衛生、教育文化、以及生活環境等統計資料所編製而成。以去年的統計，平均每人所得為美金六百九十七元，比臺灣省家庭收支調查平均每人所得數額為高。國民消費佔國民支出比例：民國四十一年為百分之八十五點六；五十一年為百分之八十二點二；六十一年為百分之七十四點七。國民儲蓄佔國民所得的比例：民國四十一年為百分之五點二；五十一年為百分之七點七；至六十一年突增為百分之二十九點一，足證民富日增。近二十餘年來，政府配合福利支出比例，每年亦均有增加，如民國四十四年，政府支出社會福利的經費預算，佔政府支出的比例為百分之六；五十三年為百分之八點一；至六十三年增至為百分之十一點三。從社會保險方面分析：民國四十二年社會保險支付費用，佔國民生產毛額比例為百分之零點零七；自民國四十九年起增至百分零點三以上；五十年增至百分之零四七；六十三年增至百分之零點五七，顯示政府社會福利支出比例亦在逐年增加之中。此外，政府公共衛生支出比例，亦有顯著增加。在國民就業方面，其經濟活動人口率已從民國五十三年的百分之三十二點一，上升到六十三年的百分之三十四點七四；相反的，失業率則降到百分之二點七，死亡率亦降到百分之四點八，此均顯示民生主義社會福利政策之具體績效。

其最值得一提的，即最近國際有名的政治學家柯林博士，依其國力測估公式測定我國為首要國家之一；指出我國不僅國力雄厚，民生樂利，且位居於亞太地區的要衝，與日韓兩國構成樞紐性的戰略之三角。柯氏係美國喬治頓大學戰略與國際研究中心的執行指導人，其新著：「世界國力研判」一書，提出一項新的國力測估公式，以測量出別人可察覺的各國之國力。此一公式為：pp—（ctE+M）×（S4W），其意義是，一個國家所可察覺的國力，是其人口的總數，加地理位置、經濟力量、軍事能力，乘以重要而難於捉摸的戰略目的與國家意志的係數。柯氏評估我國的國力，人口、領土和經濟力各為兩單位，軍事力量為四單位，合為八單位，與我國力相同的有荷蘭和南斯拉夫。經統計國力佔八單位以上的國家有七十八個，其中有二十七國，他認為：「必然是支配世界事務的國家」。同時他以此一公式的後半段，再乘以我國戰略目的與國家意志無形的國力之後，已使我國提昇到全世界的第十四位，與義大利、荷蘭相等。因此，其在特別判定我國之國力一段中，他說：「生活在臺灣的中國人，經濟福祉的標準，是中國大陸的三倍以上」。柯氏依據我國一九三七年的全國總生產（八十六億美元），將我國列為世界上五十個首要國家之一。按其所列的總計表，我國一九七三年的全國總生產量，列為世界上五十個首要國家中的第四十七位，於是使國家在國際上之地位，亦隨之相對提高。

不過，我們絕不能以此自滿，我們尚有重大的任務，有待我們繼續努力，以求實現。因此我們對於發展經濟，須全力以赴，由增進全民的福祉，匯集強大的國力，以完成中興復國大業。

捌、與大陸共產集體經濟發展比較

我復興基地臺灣與對岸大陸，同是中國的一部份，其經濟活動的主體，亦同是中國人；為什麼今日大陸同胞生活的水準，要比復興基地的臺灣落後十五年（根據一般國際人士赴大陸訪問後所發表評論說）？此種差別，無疑乃是由於經濟制度的不同所造成。今天我們從純學理方面分析，對於此兩種不同的經濟制度，以及其發展實績，作一概括性的總評估。

一、從經濟發展的程序說起

在過去的二十餘年中，臺灣的經濟發展，其程序係由農業開其端，採漸進方式逐步建立輕工業，然後再進而發展精密工業與重化工業。自一九五三至一九五六年起，第一個四年經濟計畫，是以農業及輕工業居於主導地位；至一九六〇年，政府就國內已有的基礎，以優惠條件引進國外資金與技術，開始從事較複雜的精密工業；迨一九七〇年後，為拓展產品外銷，出口工業便成為優先項目，因之電子、合板、及塑膠等工業之發展，均有顯著的成就。到了一九七三年，為加速經濟發展，促進國家現代化，特推動十項重要建設工程，此時已進入發展重化工業的階段。概括言之：臺灣的經濟，因受到本身資源的限制，一直是以對外貿易為主力，來帶動整個的經濟發展。在一九五〇年，臺灣對外貿易總值，只有四億二千六百萬美元，至一九六五年之十五年間，約增加二點五倍，對外貿易額已增為十億五千萬美元；自一九六五至一九七三年，在此段時間內，是我國對外貿易發展最快的一個時期，因之對外貿易額已躍升到八十億美元，去年已高達一百二十五億美元，此種驚人的成就，乃是由於正確的政策與有效的執行而來，並非偶然所可倖致。至於在技術的選擇上，近年以來，政府則針對國內外經濟發展情勢，已逐漸擺脫過去以勞工密集的加工工業，邁向以資本密集與技術密集的精密工業及重化工業之境。

二、從經濟發展的路線看待

其次，我們須加析述的，是大陸共產政權的經濟。由於其受到共產社會集體經濟制度的限制，在一九五八年以前，其經濟發展，係以史達林獨裁時代的蘇俄經濟為藍本，此後（一九六一—一九六四）則改為劉少奇的修正主義，提出所謂「利潤掛帥」，乃成為其新經濟的指導原則：至「文化大革命」時，則又改採毛澤東路線，致其經濟政策迄無一定準則。最早是以集中資源於原料生產工業發展之擴展，而犧牲農業及一般輕工業。其在第一個五年計畫（一九五三—一九五七）之基本建設投資中，百分之四十八係投資於工業發展，可是此項投資，其中有百分之八十五集中於重工業，尤其是國防工業，而投於農業之資金，僅佔國家基本建設投資額百分之七點六。由於大陸基本建設資金大半係來自農村，因之此一發展路線，無疑是榨取農業來支持其重工業之發展。在此種不平衡的政策之下，非僅忽略了民生工業，更使農業生產一直陷於困境之中。同時，復由於集中工業資金於資本密集性的建設項目，致又造成勞動力過剩。為解決以上各種問題，乃有一九五八年的所謂「大躍進」之措施。其動機無非是企圖提高農工業生產，為過剩的勞動力尋找出路，並希望以過剩的勞動力代替資本，故首先動員一億人口，從事於水利工程的進行，接著為「土法煉鋼」，又動員六十萬人建立了數十萬座「小高爐」。但是因缺乏技術設計，僅試行一年，即均失敗。於是為挽救其面臨之危機，又不得不立即作了一百八十度的大轉變。當小高爐土法煉鋼大部份廢棄之後，及工業發展全面「下馬」，其農業生產便又成為第一優先。因此在劉少奇策劃之下，一套類似蘇俄在史達林死後的修正主義策略，逐步推行於大陸。就在此時，其得意之作的「人民公社」，也因之全面退卻。正因為此一新經濟政策的影響，不僅引起了農村資本主義的抬頭，同時更導致領導階層之嚴重分裂。尤其是當權派所堅持的「物質刺激」與「利潤誘因」，為發展經濟的兩大支柱，堅決反對使用「群眾路線」於經濟建設之中，認為工業化乃是專家們技術人員之事，致權力鬥爭進入白熱化，其「文化大革命」，亦即由此所引發。當此一運動結束以後，其經濟發展指導原則著重於下列三項：首先是重申農業為經濟基礎，工業為主導路線。其次是加強勞力密集的小型工業之發展，以便於利用農村的過剩勞力。第三是強調地區自給自足。此一方針，乃是其一九五八至一九六〇年「大躍進」期間所謂「兩條腿」的政策，與一九六一至一九六五年所謂「調整」期間農業優先政策的混合物。

從上述各項分析觀察，臺灣與大陸經濟政策，有兩項顯明不同之點：第一、儘管大陸近年來一再強調農業優先，但其投資之分配，依然是以重工業為重點，基本上仍為一不平衡政策，與臺灣以農業及輕工業為基礎的經濟政策，有著顯然的不同。第二、對外貿易方面，在大陸的經濟發展中，並非重要的一環。臺灣目前對外的輸出，佔國民所得百分之五十以上，而大陸對外貿易僅佔國民所得百分之五至百分之七，其工業發展，主要是在代替輸入（Import-Sudstitution），並非在擴張輸出（Export-Expansion），與臺灣的輸出擴大生產，是屬於兩個不同的模式。

三、從經濟發展的實質比較

從國民生產毛額看，自一九五三至一九七二年，在過去的二十年間，臺灣國內生產之毛額增長，約可分為兩個階段，在前節中已略作分析，前十年每年平均成長率約為百分之七點二；後十年每年平均成長率高達百分之十點四，已列入世界經濟成長率最高國家之一。尤其是到一九七三這一年，其成長率竟高達百分之十二點三。而大陸的國民所得，在一九五二年至一九五七年間，每年平均成長率，根據美國官方的估計，約為百分之六點八，但以當時我國留美的經濟學家劉大中博士的分析，約為百分之六，在一九五二至一九五九年間，據大陸自己估計約為百分之十四點三，但劉大中博士估計僅為百分之八。換句話說，在第一個階段發展中，臺灣與大陸的經濟成長率大致相似。惟自一九五六年由於其「大躍進」宣告失敗後，其經濟成長率即直線下降。故自一九六二至一九七二年間的經濟成長率，約為百分之五點三。此說明其在第二個階段的經濟發展中，臺灣的經濟成長率高於大陸的一倍。

由是以觀，截至一九七二年止，臺灣的經濟成長率，一直保持著穩定的上升。而大陸則反之，由早期的高成長轉入到近年的走下坡。因此，目前臺灣平均每人國民所得，約為大陸的五倍。

在對外貿易方面：根據統計，臺灣的貿易由一九五二至一九七二年間，其增加高達十七倍，平均每年對外貿易成長率，約為百分之十五點三。其主要的成長，乃發生於最近十年，增加達十倍之多，平均增加率為百分之二十五，其中尤以出口增加更為迅速，十年間增加為十二倍，平均每年增加率高達百分之二十九，僅次於韓國的百分之四十，而居於世界的第二位。至於大陸對外貿易，在一九五〇年至一九五九年間，發展亦相當迅速，其一九五〇年對外貿易總值約為十二億美元，到了一九五九增為四十三億美元，平均增加率約為百分之十五點三，但自一九五九年以後，尤於其工農業生產衰退，對外貿易則急遽下降，故其一九六二年的貿易額，僅達到二十六億七千五百萬美元，直到一九六六年才勉強恢復一九五九年的水平。到了一九七二年，大陸的對外貿易額為五十九億二千萬美元，一九七三年約為九十八億美元，約略與臺灣相等；一九七四年估計為一百三十億美元，與臺灣的一百二十五億美元，亦相差不多。

四、從經濟發展的落差顯示

至於談到消費水準：在過去的二十五年間，臺灣比大陸有顯著的提高，根據有關方面的統計資料顯示，在一九五五至一九七二年間，在「食」的方面，臺灣每人每年白米消費量，約保持一百三十四公斤，麵粉由十四點三公斤增為二十點一公斤，平均每人每日攝取的熱量由二、二一八卡增加到二、六九七卡，蛋白質由五十三點二公克增至七十四點六公克。而大陸的糧食，由一九五三年起開始配給，平均糧食配給額每人每年在八十八公斤至一百一十二公斤不等，據劉大中博士的估計，一九五七年大陸每人每日所攝取的熱量，約為一、八三〇卡，比臺灣一九五五年還低。近十年來，由於大陸糧食增加率僅能與其人口增加率維持平衡，致其糧食配給量將無法提高。在「衣」的方面：自一九五二年起，臺灣每人平均消費之纖維，僅為一點七一公斤，至一九六二年，已增至三點零三公斤，到了一九七二年，更增加為九點四一公斤，二十年來已增加五倍。而大陸自一九五四年起，其棉布亦實施配給，每人平均每年的配給量為二十三市尺（合為七點七公尺），無法與臺灣相比。在「住」的方面：臺灣每人平均使用住宅面積，由二點五坪增至二點八坪，現仍在增加之中。大陸自淪陷後，其住宅總面積雖略有擴張；但由於人口激增及民間貧困，使每人平均住宅面積實際上仍在下降，故其住的情況亦將無改善可能。在「行」的方面：臺灣人口自一九六三到一九七三年，約增加百分之三十二，而交通工具增加則以倍數計。各種汽油增加三倍，機車增加二十八倍。過去十年臺灣小汽車，由一萬一千輛增為十七萬輛，機車約達一百七十萬餘輛。而大陸上的人民，則普遍以腳踏車代步，實無從與臺灣相比，其次在育、樂及醫藥方面，更是落後甚遠。

五、從經濟發展的因素評估

經濟的發展，必須首重其穩定性，而後方能達到預定的成長率，揠苗助長的經濟發展，乃是一種自欺欺人的做法。儘管大陸自一九五三年起，即已建立其計畫經濟的體制，但其經濟發展，經常陷於激烈的波動之中。因為自一九四九到一九七二年間，大陸經濟發展有兩個長期性的循環，其主要原因是受其農業收成的影響。根據有關資料顯示，大陸農業生產佔國民所得百分之四十，輕工業所需之原料百分之八十來自農村，在其出口的物質中，有百分之七十以上係農產品及其加工品，故其農業生產的豐歉，直接影響其經濟成長。近年以來其雖致力於農產品之多種經營，並在農村普設小型工廠，希望對國民經濟發展有所幫助，但績效並不顯著。而臺灣的經濟成長雖然亦有波動，但大體上相當穩定。其成長率雖有高低，但並無負成長。大陸在一九五九到一九六二及一九六七年，有極其嚴重的負成長出現。可見臺灣的經濟是從穩定中發展，而大陸的經濟則在循環性地波動。

二十五年來，臺灣的經濟之所以有高度的成長，實得力於以下四種因素：㈠政治與社會的安定。㈡由於農工業並重政策，使經濟發展有著穩定的基礎。㈢建立並保持自由經濟體系，使企業精神得以充分發揮。㈣對於吸收的國外資金及引進的技術，均能適當的加以卓越運用。但臺灣的經濟亦有其弱點，如對外依存性太大，易受國際經濟波動影響。其次是工業結構依然落後，其主要工業，係以紡織、電子、合板、塑膠、及食品加工等勞力密集之輕工業，所需原料多係仰賴進口，附加價值不高；重工業及化學工業僅佔工業總值的三分之一，有待我們繼續努力，迎頭趕上。至於大陸共產經濟的基本弱點，其最主要者，計：㈠農業停滯不前，構成整個經濟發展的阻力。在一九五二至一九七二年間，大陸人口增加百分之五十，而糧食生產價值僅增加百分之二十四，因此不得不自國外購進大批糧食。在此種情形下，除非其農業有顯著的發展，否則，大陸經濟成長率則不可能有所進步。㈡由於生產資料公有，人民生活資料受到嚴格配給的限制，工人和農民雖終年忙碌，也難以獲得溫飽；一般工人因缺乏勞動誘因，其生產既低，而其生活水準亦難有提高之可能。㈢更由大陸共產幹部們迷信，「政治決定論」，使其經濟發展不斷受到政治力量的干擾，因之無法從事於長程計畫。如一九五七年的「反右派鬥爭」，導致一九五八年至一九五九年的「大躍」之蠻幹，將其計畫經濟的體系予以徹底摧毀。又如一九六六至一九六九的「文化大革命」，使其經濟發展整整停滯了兩年。近年來又在大搞其「批林」與「批孔」運動，更影響其一般生產的進展。而在每一次運動中，非僅浪費工農的大量時間與精力，其開會檢討，清算鬥爭，且經常造成人人自危的局面。在此不正常的情況之下，欲求其經濟繁榮，豈不是「緣木求魚」嗎？

玖、當前民生主義工商政策之指導原則

一、基本方針

民生主義當前的工商政策之指導方針，計有以下各點——

㈠輔導工商業者，確認當前革命形勢，惟有實行民生主義經濟體制，工商業始可順利發展，從而發揮民族精神，表現愛國情操，積極致力於復國大業。

㈡健全工商團體，發揮組織功能，展開會員服務，協調勞資關係，促進同業合作，輔導合理發展，為求消費大眾利益而努力。

㈢協調政府有關單位、工商團體、及工商業者，貫徹實施民生主義工商政策，以促進工業，繁榮商業，共謀國計民生之均足。

二、實施重點

㈠輔導工商業者，加強市場研究，拓展國際貿易，以及確保我國經濟建設之穩定持續成長。

㈡輔導工商業者，致力研究發展，改進生產技術，力求自力更生，並獎助中小企業合作經營，及公司股票上市，使社會大眾共享經濟繁榮之利益。

㈢輔導工商業者，配合國家經濟計畫，轉變投資方向，發展資本密集及技術密集之精密工業與重化工業，並改善品質，建立商譽，使經濟發展邁向新的境界。

㈣輔導工商業者，擺脫家族公司型態，轉向公共公司，並力謀健全發展，使企業組織大眾化，營運管理現代化。

㈤鼓勵工商業者，加強合作聯繫，力求避免同業惡性競爭，並制止不法操縱，使其積極展開業務，作合理之競爭。

㈥策動工商業者，基於民生主義仁愛精神，共謀發展社會福利事業，以建立共享之安和樂利社會。

㈦在工商團體中，選拔優秀青年業者，加以培養，輔導其擔任領導幹部，藉使新陳代謝，創新進步。

三、輔導要領

㈠健全工商團體：

1. 輔導工商各業，根據分工專業原則，依法組織或加入其所屬同業公會，以貫徹「業必歸會」之組織精神。

2. 輔導全國性工商團體，強化職能，自行辦理或協助會員辦理市場調查，外銷推廣，及員工訓練，並充實技術與業務人員，以加強對會員之服務。

3.輔導各級工商團體，定期清查會籍，建立基本資料，暨人事、會計、福利的制度。

4.輔導工商團體，舉辦有關會務、業務之觀摩示範，以交換經驗，藉收相互策進之效。

5.協調目的事業主管機關，就可資委託授權工商團體舉辦之業務，交付辦理，並予以必要之指導監督，以促進工商團體之健全發展。

㈡配合經濟發展：

1.依照經濟建設計劃目標，透過有關工商團體，鼓勵各業合理擴充及更新設備，改善管理，爭取外銷，以謀國際收支之改善。

2.輔導工商業者，改善產銷組織系統，並促進其經營現代化與合理化，以因應國際市場之演變。

3.輔導工商業者，訂定並實施勞工分紅入股或其他增進勞工福利，激勵工作情緒辦法，以促進勞資合作，激勵生產情緒。

4.協調主管財政單位，策劃推行全民儲蓄運動，以吸收社會游資，有利投資生產事業。

㈢擴展國際貿易：

1.發動出口廠商，支援政府外銷政策，建立外銷統一機構與大貿易商制度，以擴展出口貿易。

2.鼓勵工商業者，加強國內外市場調查研究，蒐集貿易資料，強化貿易組織，並與各地僑商合作，籌設國外貿易公司，建立華商貿易系統及國際推銷網，以分散外銷市場，發展國際貿易。

3.責成工商業者，保證產品品質，維護國際商譽，並舉辦或參加國際商品展覽，使僑胞及友邦人士，瞭解我經濟建設進步實況，以加強對我國優良產品之認識，增進國際貿易機會。

4.輔導工商團體及業者，派員或組團出國訪問、考察，或參加有關國際性工商會議，加強與外國及華僑工商團體聯繫，並適時邀請友邦工商團體或企業界之領導人士前來我國訪問，以增進國際貿易及經濟合作。

㈣培育工商幹部：

1.協調社政及目的事業主管機關，適時舉辦工商幹部業務講習或專業訓練，使業者能因應世界潮流，力求進步。

2.輔導工商團體，鼓勵業者培養優秀從業人員，開辦從業人員各種在職訓練或補習教育，以增進員工知能，提高工作效率，改進生產技術。

3.策動工商團體，舉行各種座談會，研討有關本業經營管理等問題，藉謀所屬會員業務之發展。

㈤致力研究發展：

1.選擇關係國計民生之重要工商團體，輔導其集合同業力量，籌設基金會組織，以建立研究發展機構，藉以創新發展。

2.輔導工商業者，在營業預算，寬列研究發展經費，以獎勵發明創造。

3.鼓勵工商團體及業者，與大專院校合作，從事研究發展工作，並邀請國內外有關學者、專家、及工程技術人員，參加工商企業研究發展工作，使學術研究與工商實務相結合，以達到建教合作之要求。

㈥協助社會建設：

1.輔導工商團體及業者，配合社會建設，興辦社會福利事業，以協助全民體育之推廣。

2.輔導工商團體及業者，推行商場禮貌及不二價運動，舉辦各種新產品展覽，藉以相互觀摩，促進商場之現代化。

3.輔導工商團體及業者，推行愛用國貨運動及社會革新，並提高商業道德，訂定同業共同遵守規範，以發揮互尊、互助、互律之精神。

4.輔導工商團體及業者，提倡團隊活動，藉以喚起個人重視整體力量，以謀求整體之利益。

㈦支援動員作戰：

1.輔導工商業者，聯絡海外僑商，共同抵制共產經濟統戰陰謀，並作重點輸出，展開對外經濟作戰。

2.輔導工商業者，調整生活結構，建立自主基礎，尤應注重國防工業與民生工業相結合，以因應動員作戰之需要。

3.輔導工商團體，協助政府管制戰時動員物質，取締囤積居奇，穩定物價，並配合政府有關工商動員方法，期能有效支援軍事行動之需要。

拾、今後展望及努力奮鬥的標竿

從民國四十二年實施四年經濟建設計畫後，在經濟發展上，一直保持著快速的成長。雖然自民國六十年代以後，由於迭遭國際政治經濟情勢的衝擊，如我國退出聯合國、中日斷交、世界能源危機，以及全球性的物價波動等風暴，但仍能保持相當程度的穩定與持續發展，且與五十年代的成就相較毫無遜色，這不能不歸功於政府與民間共同努力所獲致的結果。現在，又面臨美與我斷交的新衝擊之同時，而又遭遇國際石油再度漲價之難度，相信，以我們經濟建設根基的紮實和成長的潛力，以及三十年來實際而豐富的經驗，必能再創新局，置國際於安和磐石之境。

然而，今後我們如何百尺竿頭更進一步，那就必須指出努力方向，樹起標竿，繼續奮鬥，才能收事半功倍之效。本年為我國六年經建計畫的第四年，而六年經建計畫的基本要求，是如何使我們的國家透過經濟快速成長，早日成為高度開發國家。過去我國經濟之所能快速成長，實有賴於人力資源之高度發揮有效運用。惟近年以來，國內因勞力供應失調，國外則出口競爭日烈，在此雙重壓力下，為求今後經濟之持續穩定成長，則只有迅即調整經濟結構，使輕工業儘速現代化，並積極發展資本密集與技術密集之精密工業和重化工業。一面鞏固經濟基礎，減少對外依賴，以增強對國際經濟新情勢之因應能力；一面改善生產技術和經營制度，加速提高勞動生產力，以強化我國農工產品在國際市場上之競爭力量。

因此，今後我們努力奮鬥的標竿，歸納如後：

一、在農業與工業方面

在加速農村經濟建設的過程中，應提倡綜合栽培，實施土地重劃工作，並全面推行農業機械化，藉以達到農業培養工業之目的。

在發展重化工業與資本密集工業方面，應創建精密工業及技術密集工業，並調整更新已有之勞力密集工業，以加速建立自助自主之國際競爭能力。

二、在貿易與投資方面

應實施計畫性的自由貿易政策，力求外銷產品及市場之多元化，並謀取進出口貿易之適度平衡和持續發展。

而且更需要積極改善投資環境，提高國人對國內或海外投資意願，並繼續歡迎僑外廠商向國內投資，以促進我經濟持續成長。

拾壹、邁向均富安和樂利的理想境界

我們知道，民生主義的終極目的，是要建設一個均富、安和、與樂利的社會。換句話說，我們的經濟發展，固以此作為努力的方向，而我們的社會建設，更應以此作為奮鬥的指標。

一、均富以經濟發展為方法

最近中國國民黨中央委員會主席蔣經國先生，以行政院院長身份在對立法院作施政口頭報告時，對此特別加以闡釋。他說：「民生主義的經濟建設，不祇是單純的解決經濟問題，而必須通盤的照顧到『人民的生活，社會的生存，國民的生計，群眾的生命』。這是由　國父參酌『國民生計』的需要為我們策立的治國經緯。所以未來的國家建設，也不單是著重農工商業的發展和國家資源的開發，必將同時致力於社會建設的促進和文教建設的紮根」。然而我們的社會建設如何進行？其範圍包括些什麼？接著他又說：「社會建設的內涵，極為廣泛，但離不開教育。所謂教養兼施的政治，也就是社會建設的本根」。由此段簡短的施政報告中，我們可以看出政府的施政，是以社會建設為其對內終極目標，而經濟建設和文教建設，只不過是為達成社會建設所必須採取的手段而已。

二、安和以社會建設為目的

所謂社會建設，是在求全民的足衣足食之外，更要能享有「均富、安和、與樂利的理想生活境界」。在此一指標之下，政府一切的施政，必須作到「資源為大眾所有，建設歸全民所享」，締造一個民富國強的新社會。我們認為此項大方針，無疑即是要貫徹　國父民生主義之大決策。我們非僅要切實把握，而且必須認真執行。因為今日我們要鞏固復興基地，要光復大陸國土，均要靠此所創造的成效作為保證。在過去，政府的施政，多置重點於經濟建設的進行，因此「企業家」便成為國家的寵兒，凡生產力的擴充，工商業的發展，無不予以極大的鼓勵與支持。正因為此一關係，對於社會紀律的維持，財富分配的平均，多被漠視。二十餘年來，我們的經濟建設是成功的，社會也逐漸趨於繁榮，但是我國社會的優良傳統卻被破壞，於是投機犯罪固時有所聞，而放蕩奢靡之風亦由是而起。今天我們為求內部的安定，社會秩序的良好，此種不良的現象必須予以徹底消除，更何況台灣是大陸七億同胞希望之所寄，尤其作為實現三民主義模範省的燈塔者，必須建設一個人人能享有的均富與安和樂利生活之福利社會，如果只有繁榮，而不能實現共享，此絕不是　國父民生主義經濟建設所要求的目的。

三、樂利以全民共享為依歸

當然，國家的建設是無止境的，人民的要求也越來越嚴格。平心而論，過去在我們經濟發展的過程中，一般人的生活水準由於所得增加而提高，貧富間距離的縮短也有顯著的進步，同時自十項重要建設工程實施後，國家已走向現代化的途程。不過，此項成果離我們的理想尚遠，我們必須以鍥而不捨的精神，作更大更多的努力。相信，只要我們能以　國父的民生主義為指引，以經濟建設為手段，以社會建設為目標，並以心理建設去根除腐敗與頹廢的不良社會風氣，將我們的決心及活力，注入於積極的奮鬥之中，在不久的將來，一定可以邁向均富、安和、與樂利的理想生活境界！

後記：本文係本人於一九六五年十月間應邀在中華民國全國工商團體動員月會發表專題演講時所撰寫。

第十篇 是價值性的

主題：中山思想之社會價值觀

「為天地立心，為生民立命，為往聖繼絕學，為萬世開太平」。此係宋儒張橫渠之名言，但亦正可作為　國父孫中山先生學說思想之讚語。

壹、緒論

中國國民黨總理，　孫文字中山先生，以組黨革命，創建民國，貢獻至偉。逝世後，國民政府於民國二十九年四月一日，追尊其為「中華民國國父」。其文曰：「孫中山先生倡導國民革命，手創中華民國，更新政權，永奠邦基，謀世界之大同，求國際之平等，光被四表，功高萬世。凡我國民，報本追源，宜表尊崇。通令全國，尊稱先生為中華民國國父」。自此，孫先生之學說，則名為「國父思想」。換句話說，也就是「中山思想」。

民國三十五年，於對日抗戰勝利之後，制訂「中華民國憲法」，開宗明義，其弁言云：「中華民國國民大會，受全體國民之付托，依據孫中山先生創立中華民國之遺教，為鞏固國權，保障民權，奠定社會安寧，增進人民福利，制訂本憲法，頒行全國，永矢咸遵」。綜其全文十四章凡一百七十五條所規定之事項，無一不是根據三民主義和五權憲法之原則。可見　國父思想已成為我國立國之大經，國民之所宜信仰。教育部為正本清源，特將此具有「社會價值觀」之思想學說，定為大專院校必修課程，使國民知有所本，以為持身立國之道。

貳、崇高願景

國父孫中山先生，不僅是位大政治家，也是位大思想家，其遺教浩若煙海，涉及範圍極廣。就中除「建國方略」所包括之「心理建設」（孫文學說）、「物質建設」（實業計劃），與「社會建設」（民權初步）三部較為完備、精密，而也最有系統之創作外，餘即以天縱睿哲，繼續中國學術文化之正統，擷取西洋社會科學和政治制度之精華，以及其自己所獨見創獲之真理，而予以融會貫通，據以創造「三民主義」之偉著為其代表。

國父創造三民主義，始於倫敦蒙難第二年（清光緒廿三年，公元一八九七年），同盟會誓語舉其實，民報發刊詞揭其名（清光緒卅一年，公元一九〇五年），中國國民黨第一次全國代表大會宣言闡其說（民國十三年，公元一九四二年），　國父廣州十六次講演成其書（其實　國父於民國八年即已著手撰寫，並已印有三民主義小冊。詳情請看張其昀先生著黨史概要第四章）。惟此後其以國是北上，不幸病發逝世於北平，以致全書十八講之預定計劃，尚缺兩講未能以盡其章，不無遺憾。現經總統蔣公補述其民生主義「育樂」兩篇之後，方成完璧。此乃三民主義發展之經過也。

三民主義為中華民國建國之最高準繩，其垂示之治道，有如日月經天，江河行地之不可移，尤以經緯萬彙，歷久彌新，斯誠博大精深與體用兼用者是也。其學術價值之高，未可以尋常主義或一般政綱視之。

叁、精密規劃

其民族主義：基於春秋尊王攘夷之精神，與夫中國民族之美德；更以民族平等之觀念，內而締造中華民族大一統之宏規，外則聯合世界各民族為求永久和平而奮鬥！期達天下一家，萬邦咸熙之境。

其民權主義：則本書經：「天視自我民視，天聽自我民聽」之民本思想，和儒家「民貴君輕」之說；並合以人權之論，而發為「主權在民」與「權能分立」之精義，使現代民主政治，達於最高之理想。

其民生主義：乃以「利用厚生」之德，及「民胞物與」之懷，進而採取社會「均富」政策，以揭示：「平均地權」與「節制資本」兩大辦法，作為實行之準則。此不僅可以永弭生活不平之爭端，且能謀全體人類共同之福祉。

上述民族、民權、民生之三大主義，其意義雖殊，但理實一貫，且循環關聯，互為體用而不可分割；尤其以「民生哲學」為基礎，以「誠」之智、仁、勇三達德為原動力，以「組黨」為國民革命之方略，以「軍政」、「訓政」、「憲政」為分期實行之程序。由理論之貫通，到方法之提出，其每一環節，無不至為週詳。當各項建設一一完成之後。則國家為人民所「共有」，是達民族平等之目的；政治為人民所「共管」，是達民權自由之目的；利益為人民所「共享」，是達民生幸福之目的；而其終極之總目標，則為建國之完成，進世界於大同。其理想之完美，意義之偉皇，可謂至善矣。

肆、科際統合

國父巨著：「三民主義」、是一部極其繁複之科際統合政治科學。因其學說理論博大精深，錯綜微妙，非一般政治學所可相提並論，而能與之比擬也。

在上節中吾人已經提到：三民主義是我們建國之最高指導原則，故我國憲法，即依據三民主義而制訂，我國政府，亦依三民主義所制訂之憲法而組成。所以我國之政治、是三民主義之政治，而其政治科學，亦即是三民主義之政治科學。

何以說三民主義是科際統合之政治科學？因為任何一門學問，尤其是政治學，與其他科學大都是相互關涉，甚少有孤立存在而能有所發展者。當然，三民主義之政治學，亦即由相互關涉之科際統合所構成。　國父說：「三民主義即是救國主義」（民族主義第一講）。此即說三民主義是一個統合而專門之概念。西方學者認為　國父最大貢獻，即是在能將民族、民權、民生三個主義融合而成為一個主義，亦即指統合與專門之概念而言。所以吾人研究三民主義，必須通盤探討，不能孤立研究其中一個主義或兩個主義，以免斷章取義，而發生偏頗之弊。

伍、參證變數

因此，在科際統合及科際探討過程中，應切實注意每一學科或科學，均不免要與其他學科或科學相互分工合作，以吸收或接受其他有關學科或科學相關之概念、原理、以及研究成果、或理論之模式，用來作為參證或解釋其「變數」。不過，有時亦會突破此間之障礙，但此並非完全消除彼此間之界限。故涉及兩種科學或學科間重合部份越廣泛，其主題或性質越接近，則相互關涉越密切，相互依存越顯著，並從而越有結合而成為一種新科學之可能。三民主義之政治科學，即是在此種科際統合與需要情形之下所產生。但是此種科際統合之新科學，並不否定原來所謂結合之母體存在，而且其產生與研究，尚能有助於原來兩種科學或學科內容之充實與發展。所以吾人研究　國父思想，對此應特別予以注意及之。

至於其在學術歸屬上，三民主義與政治學、大都屬於社會科學之範疇，其中亦有部份尚涉及人文之學，二者有廣泛重合之領域，其共同研究之主題，而且二者所使用相同單位觀念之處亦多，如國家、民族、及主權等。因此二者之結合，乃成為一種科際統合之新科學，此不是牽強附會，而是順理成章。如就其功用而言，此不僅有助於三民主義之發揚光大，且亦有裨於政治學內容之充實，以及其外延之擴張等等。

此外，吾人必須瞭解者：

其一、在理論上：政治學是研究國家起源、發展、及其目的之學。此一理論，如用民族主義加以闡揚，始具有新內容、新意義與新價值。因為由民族而形成民族國家（**National State**）才是國家最合理之型態。第二次世界大戰之後，世界上所有被壓迫之弱小民族，皆依民族主義原則而組成其新國家。因之亞、非等地區，已不再有殖民地思想之存在。只有歐洲在蘇俄新殖民主義（**New Colonialism**）政策之下，尚保留若干屬地和附庸（**Dependencies and Satellites**）。相信其民族主義不會泯滅，終將會獲得其獨立自由。如捷克之革命，匈牙利之抗暴，相繼而起，南斯拉夫又自樹其旗幟，此均足以證明極權控制，是無法窒息其民族思想之火焰，而共產暴力統治，亦將在民族主義浪潮衝擊之下趨於滅亡。

其二、在職責上：政治學亦是研究國家和人民間之關係，與人民如何管理政府？以及政府如何善盡其職責以管理眾人之事。此一問題、正是　國父權能區分學說理論精華之所在。　國父將政治權力分為兩部份，一部份是政權（Control Power），由人民行使，用選舉權（Election）和罷免權（Recall）以控制官吏與議員，使之永遠遵循人民意志；用創制權（Initiative）和複決權（Referendum）以制訂法律，使政府不敢違背人民意志，真正做到人民有權。另一部份是治權（Governing Power），由政府行使，分立法、行政、司法、考試、監察五權，使之分工合作，為人民盡最大之服務，真正做到政府有能。此在政治上是一種新科學、新理論，吾人稱之為「權能區分制」，或「五權憲法制」。其對當前政治問題，不僅切中時弊，使民權主義之理論發揚光大，且能促進政治學呈現一片新之曙光。

其三、在歸屬上：三民主義之民生主義，是屬於經濟學範疇，一般政治學家甚少論及。惟經濟學為政治學之輔助學科，且經濟學所有理論、均需要藉重政治力量付諸實施。尤以民生主義之「平均地權」與「節制資本」兩大鮮明主張，為資本主義與社會主義間開闢一條正確道路；而「耕者有其田」，及「工人有其廠」，更是從根本上徹底消滅地主與農民，資本家與工人間之天然矛盾。故民生主義在藉重政治力量實行之後，即可建立一個安和樂利之新社會，如果要舉例，今日臺灣即是一個最好之事實說明。

所以，吾人認為 國父思想，尤以其巨著「三民主義」之政治學、是一部極其繁複之科際統合政治科學，於此可以想見。

陸、學術價值

大學講授「國父思想」，其目的在於培養「經邦濟世」之才。故講授此課，當首重「傳道」。

所謂「道」？即「道統」，為人人必須遵循之「大道」，亦即中國正統思想及民族文化精神之所在。其可以代表一個人世界觀，或人生觀，尤為一切學術思想之生命泉源。故古今中外對於任何學術思想之研究，莫不以傳道為其第一要義。我國春秋戰國期間，乃學術文化黃金時代，當時「百家爭鳴」，各欲以其道易天下，而一般儒家、道家、法家、農家、甚至雜家，無不有其各自獨立之學術思想。老子說：「道可道，非常道」。以為「道為萬物之奧，善人之寶。」孔子更重視道，他說：「朝聞道，夕死可矣。」又說：「君子謀道不謀食」；以及「士志於道，而恥惡衣惡食者，未足與議也」。由此可知道在士人與學術文化中之重要地位。

唐代古文大家韓愈，在其「師說」一文中即曾指出：「古之學者必有師，師者所以傳道授業解惑也」。是以大學教育，著重傳道，而授業解惑次之。然而今日在大學課程中，堪稱傳道者，惟有「國父思想」一科。因其真正合於古之所謂「道」，亦即「格、致、誠、正、修、齊、治、平」之一貫「大道」。其能為青年樹立中心思想，及提供做人為學與治事方法。設若只鑽研專門學科，而不窮究經邦濟世之理，則僅能成其專才，而無通識。因此，其所學，為無根之學，其所能，為一隅之能。此對國家、對民族、對社會、對人類之效用，均將無法恢宏；更談不到統籌全局而負荷大責重任。故大學講授「國父思想」，於此更見其重要矣。

惟目前在各大學中之「國父思想」課程，多以政綱或政策加以宣導，此不足以喚起青年為之注意。要糾正此一缺點，必須強調「國父思想」之學術價值，始能引起青年學子們之研究興趣。如此講授此課，才不致感到枯燥，而且亦才能從　國父思想領域中，在師生共同鑽研之下，發揮其「傳道」與「授業」作用，以達到「完人教育」之目的。

柒、聖潔精神

國父奔走革命，四十年如一日。其思想之聖潔偉大，從其生平事蹟中，隨處均可窺見。茲略舉數事如後：

㈠**大公精神**：　國父領導國民革命，凡四十年，始終以「天下為公」作為其革命奮鬥之準則，既無個人英雄主義之意念，更無帝王時代萬世事業之私心。如民國元年，承各省代表公舉而在南京就任臨時大總統時，其唯一之志職，則為解除全國數億同胞二百六十多年來在滿清王朝專制統治下的痛苦，對於個人所居於國家元首之崇高地位，並無感於尊貴，而且為使南北統一及維護民國政體，不惜委屈求全，忍辱辭職，允予袁世凱出而主政，此種公忠體國之聖潔無私精神，古今中外恐無二人。吾人研究　國父思想於受此啟示之後，應瞭解革命是利他，而不是為己；是犧牲，而不是獲取。目前許多人自命為　國父信徒，當以其大公無私精神作為榜樣才是。

㈡**好學精神**：由於　國父少懷大志，並認定革命須有高深學問，故終日孜孜，好學不倦。如民前二十年，　國父畢業於香港西醫書院（College of Medicine for Chinese, Hongkong）時，其成績之優異，破全校紀錄。據陳少白先生所談：　國父自入該書院讀書以來，在平時學業考查中，各科多是滿分，其畢業考試其中僅有一科相差數分未能告滿。校方為鼓勵起見，特舉行會議決定予以加分，使其各科成績均能獲得滿分之榮譽。

此外，尚有一事可得而述者，即　國父生平不願作任何無謂之應酬，而將其全副精神集中於研究學術，即令是危難之際，亦不例外。所以，凡有助於革命事業發展之中西典籍，無不加以博覽，因此他一生消費最大者，亦即是買書。吳稚暉先生為此曾舉例予以佐證，他說：「民前三年（公元一九〇八年），　國父受困於倫敦時，友人曹亞伯特籌款相助，詎料不數日，竟將曹之助款而悉數用於購書」。由此可知　國父之好學情形。

再者，民國十一年，陳炯明叛變，　國父被困於白鵝潭永豐艦上，當兩岸叛軍集中炮火攻擊時，其鎮定如常，且親在甲板指揮作戰，當時艦上官兵傷亡者已達十餘人，經大家一再苦勸，始肯下艙掩避。侍衛馬湘因放心不下，回艙探望，　國父已在房中靜坐看書，足見其臨危不亂，好學成癖。此正如　國父所說：「能用古人，而不為古人所惑；能役古人，而不為古人而奴，則載籍皆為我調查，而使古人為我書記」。此種治學精神，其目的即在於獲得高深學問，用以完成其革命大業。

㈢革命精神：　國父領導國民革命，經過十次失敗，所遭挫折至大；尤以於每次失敗之後，同志灰心變節者有之，親友譏諷唾罵者有之，敵人威迫利誘者有之，但　國父均能堅持立場，忍辱負重，再接再厲，繼續奮鬥。此種堅忍不屈之革命精神，實令人景仰不置。

革命事業，決不是僥倖所可獲致成功者，沿途無一處未有阻力。當民國六年，為護法討袁，軍政府成立於廣州時，桂系陸榮廷等，因視兩廣為彼輩之私產，不容任何勢力於此存在，更不願　國父以護法討袁運動相號召，使其內部不安，故對其成立後之軍政府，橫施壓力，限制活動。國父於忍無可忍之際，乃於次年一月三日晚，親率將領數人，分乘「同安」與「豫章」二艦，指揮向兩廣督軍署開炮轟擊，終使莫榮新受民族大義感召，肅然而懼，並親至元帥府謝罪。此皆由於　國父處於艱危之局而不亂，以發揮其堅忍不拔之革命精神所致，其一切行動，決非武力所能威脅，故其成功也必然。

㈣仁慈精神：　國父革命能獲得成功，其待人處事之仁慈寬大，亦為其要件之一。如民前七年，其在巴黎時，有中國留學生王發科和湯薌銘二人，相偕偷進其旅邸，竊走興中會加盟名單，事後湯因受良心責備，而感懊悔，持冊逕向　國父認罪，其不僅未加指責，反而予以安慰與勉勵；迨辛亥革命成功後，並指派湯為海軍部次長。此種待人寬大之胸襟，非一般人所可為也。

其次，　國父對於懲治罪犯，從不批示殺人。茲舉吳鐵城先生所云一事為例：在民國十二年間，有上海法租界巡捕房偵探名楊玉山者，因事秘密前往廣州，由於其過去在滬為虎作倀，欺壓良善同胞，陷害革命同志，故由廣州公安局予以逮捕，當時凡受其害者，皆出而作證，經審訊結果，判處槍決，但於呈報　國父核批時，始終未予批示。其仁慈之心，於此可見。

捌、時代任務

當此國際風雲譎變，世亂日亟之秋，而共產集團，則以殘暴鬥爭為中心之「唯物哲學」，妄用所謂：「矛盾」、「質變」、「否定」之三大定律於社會事物之觀察，並進而採取反人性之社會行動，從事製造「矛盾」、擴大「鬥爭」，走向「突變」；以暴力掠奪為必然，以仇恨殘殺為能事。於是便以邪說謬論，蠱惑天下，舉世深受其害者，則不知凡幾？於此之時，設無一嚴正有力之政治主義，遏止此滔滔赤禍之橫流，其為害或將使整個世界人類陷入一個黑暗時代。吾人矚目斯世，堪以消滅共產唯物思想者，惟有　國父所著之「三民主義」能以擔當此重任。因其基於中國數千年來之優良傳統哲學思想，以仁愛為中心，以自由平等為要義，更以「天人合一」與「心物一體」之思維法則，尊重人性，發展理性，實充分表現民主文化之優點，以及互助合作之真諦。其為世人所歡迎，固已深得其宜，而其在世界學術上之偉大貢獻，亦將永垂不朽。

尤有進者，我中華民國自鼎革以來，中遭變故，險阻環生，以致三民主義迄未達實行之理想。茲於此一島孤懸，矢志中興，而所負革命任務之艱鉅，實千百倍於往昔。吾人應如何對於我中華民國賴以立國建國，我炎黃子孫賴以獨立自由，我億萬同胞賴以生存幸福之三民主義，加以深切之研究？俾能由學理之探討，求意志之集中，使之徹底實行於全國，宏揚於世界。相信以此文化力量，定能獲致此一思想戰之勝利！庶幾於治學報國兼得之矣。

玖、有效功用

國父思想重要涵蘊，其中如崇高遠景、政治科學、學術價值、聖潔精神，以及其時代任務等，均已略加論述，然而其對吾人之為學、做人、治事、究有何功用？亦當為本文所要討論之課題。茲就其要者簡述數點於後：

第一、能以樹立中心思想：所謂中心思想，即是處世接人待物之基本道理。在中學求學時代，是以獲取一般知識為主，偏重記憶學問。迨進入大學以後，無論對任何事物，均須先有充分理解，而後方能有所定見，處置適宜。然則，如何達此目標？即要有一中心思想，作為主宰，以之透過思考去分析問題、了解問題，乃至處理問題，方不致發生錯誤。如此，凡事才能有一貫主張，消除疑惑，以及徬徨不定之思維。

所以，總統蔣公有云：『我們無論是求學與辦事，一定要特別注意提綱挈領，才可增進效能、獲得實益。古人說：「舉網者，必提其綱，振衣者，必挈其領」；「一綱舉，萬目張，一本立，萬事理」。我們無論研究何種學問，或擔當何種事業，必有先後本末，得其綱領，然後循序漸進，才可以獲得最後成功』（蔣公總統著：「總理遺教六講」之第一講）。此是說明各級幹部所必須具備之基本知識和辦事方法，尤其先要作一番有系統之研究與明白之體認不可。吾人要獲得此種中心思想，以備今後服務社會之用，則必須研讀　國父思想才可達成其目的。

國父認為：無論做何事業，成功均在於有良好之方法。方法自何而來？得自學問知識。有學問，便有智識，有知識，便有方法、有方法來革命，一經發動，馬上成功。（講演：「主義勝過武力」一文），所以　國父又特別強調：要造就高深之學問，不但每日在講堂內要學先生所教，更要舉一隅而以三隅反，自己去推廣；而在講堂之外，更須注重自修功夫（講演：「革命軍的基礎在高深的學問」一文）。所謂「學問為濟世之本」，其理即在於斯。

第二、能以求得通才之學：　國父思想各種涵蘊，可以說是一種通才之學問，其內容包括甚廣，如哲學、科學、歷史、政治、經濟、社會、教育，乃至軍事等，無不相互關聯，以之構成其完整體系。民國八年　國父於上海在答覆邵元沖先生問其所治者，究為何種學問時說：「余所治者，乃革命之學也。凡一切學術，有可以助余革命之知識及能力者，余皆用以為研究之原料，而組成余之革命學也。」由此

可見　國父思想，即是一種通才之學問，與革命建國無不有所關聯。所謂通才，並不是限於某一種智識，而是指博學多能，具有領導和管理多方面之才能者。

國父哲嗣孫科博士在講述　國父生平對此亦曾提及：當其高中畢業，準備到美國留學時，　國父即指示少看文學書籍，多讀自然科學及社會科學，更不要專攻一門學問。例如學工程者，只懂得工程，讀天文或地理者，即不懂其他學科，此僅為適應現實需要專門之學，而非經邦濟世之才。如果要作為一個社會或國家領袖，必須具備各種學識之通才而後乃能勝任（孫科博士著：「孫科文集」第三冊）。

現在大專院校，因分系分科之關係，一般學生只習專才，而無通學，此正如西人所云：「只見樹枝而不見森林」者是也；如果「以管窺豹」喻之，則更為恰當。似此培養人才，只能使其獲得一技之長，一旦令其負荷行政管理之責，便不知如何從事領導。要糾正此種缺點，惟有研讀國父思想才能補救其不足。

第三、能以改革社會原理：　國父思想，是以公正和平與自由平等，用來改革社會原理者。所以他說：「我們改革中國之主義，是三民主義。三民主義之精神，即是要建設一個極和平、極自由、極平等之國家，不但在政治上要謀民權之平等，而且在社會上要謀經濟之平等，以免除種種階級衝突或階級競爭之苦惱」（談話：

民國八年與戴季陶談「社會問題」一文）。又說：「蓋學問為立國根本，東西各國之文明，皆由學問而來。……二十世紀以前，歐洲諸國發明一種競爭之新學說，一時影響所及，各國都以優勝劣敗，弱肉強食為立國主腦，至謂有強權無公理，此種學說，在歐洲文明進化之初固能適用，由今觀之，殆是一種野蠻之學問。今歐美之文明程度日高，從物理上發明一種世界和平之學問，講公理不講強權，尚道理不尚野蠻，從前生存競爭之學說，在今日學問過渡時代，已不能適用，將次第打消」（講演：「求建國之學問為全國人民負責任」一文）。馬克斯（**Karl Marx**）將階級鬥爭看成為社會進化之原動力，則只看到社會進化之病態，而不知社會進化之原理。

國父以為：「物種以競爭為原則，人類以互助為原則」（「孫文學說」第四章），方為社會進化之生理學。我們依據此種學說，去觀察社會，並以之去改進國家，才是正確方向。

第四、能以作爲力行方針： 國父思想，除上述三種功能之外，並可作為吾人一切行為之實踐方針，亦即是一種力行知識。他認為：我們國民黨要革命的道理，是要改革中國政治，實行三民主義和五權憲法。我們此種主義，比宗教主義切實。因為宗教主義，是講未來之事和在世界以外之事。我們三民主義，是講現在之事和人類有切膚之痛之事（「孫文學說」第四章）。此外　國父又於「中國革命史」一文說：「余之從事革命，建主義以為標的，定方案以為歷程，集畢生之力以赴之，百折而不撓，求天下之仁人志士，同趨於一主義之下，以同致力，於是有立黨；求舉國之人民共喻此主義，以身體而力行之，於是有宣傳，求此主義之實現，以先破壞而後建設，於是有起義」。

由此可知　國父思想之本身，即是以從革命建國為著眼，以實踐力行為本務。而總統　蔣公說過：我們知道：　總理遺教，……一方面是崇高、博大之學問；一方面又是切實可行之方案。全部遺教所講者，皆是做人立業，治國平天下之高明悠久而又易知易行之道理，無論立己立人，自救救國，一切學問和方法，均不待外求。」（總統蔣公著：「總理遺教六講」之第一講）。因此，吾人應將其看作是一種實踐方針，以之貫徹到底，此對於個人和國家，均有莫大裨益。

拾、結語

總之：本文所討論者，除就　國父思想崇高願景綜合加以論述，使大家在概念上能認識其重要外，餘尚提出五大中心主題，以為吾人探研之依據。即：㈠　國父思想為一種科際統合之政治科學，博大精微，關聯或涉及其他科學或學科範圍極廣，因此吾人所研究者，不敢言及涵蓋，而僅是一個概念而已。㈡　國父思想在「傳道」上之學術價值，吾人以為必須充分予以闡揚，然後始能培養「經邦濟世」之才，而完成其「完人教育」之使命。㈢　國父思想之聖潔偉大精神，係從其公忠體國，治學與革命以及仁慈寬大等之生平事蹟中論其梗概。㈣　國父思想可以擔當今日世界之反共任務，吾人認為要贏得此場思想戰之勝利，必須使三民主義實行於全國，宏揚於世界，以揭穿國際共黨之統戰陰謀及其荼毒邪說，自可使其在自由民主旗幟之下為世界人類所唾棄。㈤　國父思想具有多方功能，其不僅能為青年樹立中心主宰，求得通才之學，更能用來作為改革社會之原理，以及一切行為實踐之方針。

所以說　國父思想自格物、致知、誠意、正心、修身、齊家、以迄治國、平天下之一貫大道，則無所不包者，於此可窺見其要義也。

後記：本文係本人於一九七五年十一月間應「自由青年」雜誌社之邀請，為紀念　國父孫中山先生百十週年誕辰所撰寫。

國家圖書館出版品預行編目資料

研究發展與社會安全 / 潘 皓著. -- 初版 --
臺北市：文史哲, 民 98. 07
頁; 公分. --（文史哲學集成；567）
參考書目:面
ISBN 978-957-549-850-4 (平裝)

1.社會安全 2.社會工作 3.研發 4.臺灣

548.933　　98012004

文史哲學集成 567

研究發展與社會安全

著者：潘 皓
出版者：文史哲出版社
http:// www.lapen.com.tw
e-mail：lapen@ms74.hinet.net
登記證字號：行政院新聞局版臺業字五三三七號
發行人：彭正雄
發行所：文史哲出版社
印刷者：文史哲出版社
臺北市羅斯福路一段七十二巷四號
郵政劃撥帳號：一六一八〇一七五
電話886-2-23511028・傳真886-2-23965656
實價新臺幣五二〇元
中華民國九十八年（2009）七月初版

ISBN 978-957-549-850-4　　00567